伸びる子どもに変える「たったひとつの約束」

「叱らない」「ほめない」「教えない」

から成績は大きくあがる

河原利彦
Toshihiko Kawahara

はじめに

「親の考え方」を変えるだけで「子どもの成績」は大きく伸びる

「受験生なのに全然勉強しようとしない」

「自分の部屋でＬＩＮＥやゲームばかりやっている」

「『勉強しなさい』と言うとイライラしてすぐに怒る」

「朝、なかなか起きないので困っている」

受験生のお子さんをもつ親御さんの悩みは尽きることがありません。

すべてわが子のためを思ってのことなのに、親の気持ちがなかなか伝わらず、「どうして、うちの子は……」とため息をつく毎日。あなたにも思い当たるのではないでしょうか。


では、お子さんが勉強しない原因はどこにあると思いますか？

多くの場合、その最大の問題は子どもではなく、実は「親」の側にあるので

す。

私は「河原塾」という学習塾を経営している塾講師です。現在、茨城の本校を含めると全国各地に8校、関連塾5校を展開しています。

この道を歩き始めて28年、多くの子どもたちと本気で向き合いながら、実践的な指導法を模索してきました。

そしてたどりついた指導法のポイントは、子どもたちの心に訴えかけて、自主的に行動できるような働きかけをすることで、子どもの学力を伸ばすことができる、ということです。

そして、その前提として必要なのが、親御さんの「発想の転換」です。身近にいる**親が考え方を変えるだけで、子どもの行動は変わります。**

合格を知らせてくれたお母さんのメールを紹介いたします。

『「こんなに人は変われるものか」と我が子を見ていて思います。

そして入試の後も、いつもと変わらず朝勉に取り組む姿を見て、塾超のおかげだと本当に感謝しております。

学習内容だけでなく、学習の仕方、取り組む姿勢、気持ちの持ち方など、たくさんのことを熱く語り、教えていただき、半年の間に息子は大きく成長しました。ありがとうございました』

さて、子どもにとって最も大切なのは「いまの自分に気づく」ということです。

そのための環境を整えるのが親の役割です。

それさえできれば、**子どもは放っておいても勉強を始めるようになるのです。**

私はこうした信念に基づいた教育の一環として、２０１１年から「親への授業」というものを行ってきました。

そして、２０１４年からはもっと幅広く、ざっくばらんな形で親御さんや生徒からの疑問・悩みに答える「塾超トークライブ」を全国で開催しています。

これはトークライブの名のとおり、セミナーのような堅苦しいものではありません。参加者からの質問や相談に私がどんどんアドリブで答えていき、その場で親御さんや子どもの悩みを一瞬で消していきます。

子どもへの接し方の基本は、「叱らない」「ほめない」「教えない」という教育です。本書ではこの考え方を軸に、トークライブでのやりとりを抜粋・改編し、Q&A形式にしてまとめています。

子育てに悩むお父さん、お母さんにとって参考になる内容が盛りだくさんに含まれていると思います。

親御さんが自分を見つめなおし、そのことによってお子さんが自ら行動できる人間に成長する。そのためのヒントを伝えることができれば幸いです。

2015年4月　河原利彦

もくじ

第1章 「親の常識」が子どもの成績アップのブレーキになっている

第2章 子どもの成績がみるみる上がる「非常識」なアドバイス

第3章 子どもの進路や将来をどう考えればいい？

付章 塾講師として生涯忘れられない偏差値40台のタイガくんの話

第1章

「親の常識」が子どもの成績アップのブレーキになっている

Q1

「勉強しなさい！」といくら叱ってもまったく言うことを聞かないのですが？

中学2年生の息子がいます。もう高校受験の準備をしなければならない時期です。本人もそろそろ勉強しなければとは、なんとなく思っているようです。

ところが、まったく行動が伴いません。**夕飯を食べ終わると自分の部屋に戻るのですが、机に向かうのはほんの30分程度。部屋をのぞくと、寝転がってスマホをのぞいています。**

「何やってるの！　ちゃんと勉強したの？」と聞いても、「ああ」とか「うん」とか生返事ばかり。

毎日、「勉強しなさい！」「そんなことじゃ高校に入れないわよ！」と叱ったり、小言を言ったりの繰り返しです。でも、どんなに叱っても怒っても全然言うことを聞きません。あの子のためを思ってこんなに心配しているのに……。

どうすれば子どもが勉強するようになるのでしょうか？

A　子どもは支配されることが大嫌いです。

あなたは、人に指図されたり、命令されたり、コントロールされることが好きですか？

嫌いなはずです。**私たちは、他人に支配されることには我慢ができません。子どももそうです。「怒られること」「命令されること」が大嫌いです。大人も子どももまったく同じ。**人は、生まれて物心がついて自我が芽生えて、やがて大人になっていくわけですが、人間の本質はいくつになっても変わらないということです。

だいぶ前になりますが、実は私も塾で子どもたちを叱咤激励するスパルタ式の教育をしていました。

叱ったり怒ったり、「勉強しろ！」と子どもたちを強引に勉強させました。なぜかというと、そういう教育をしたら子どもの成績が上がったからです。

ただし、それは一瞬のことでした。長続きしないのです。

子どもたちは怒られるのが嫌だから仕方なく勉強します。では、彼らはそれで何を得たのでしょう？

学力を得たわけではありません。「やらされる」ということを覚えました。とりあえず言うことを聞いていれば、その場をやりすごせるという姑息な考え方が身についたのです。

それは、その子の人生にとってマイナスのことを与えてしまうだけです。

子どもを叱って自分の意のままにする。それは、子どもを「支配する」ということです。そして、子どもはそれをいちばん嫌がります。

叱ったり怒ったりして勉強させても、それは決して子どものためにはなりません。

19世紀の心理学者であるアルフレッド・アドラー氏が提唱した「アドラー心理学」では、親がどういう接し方をすれば子どもが主体的に育ち、自分で人生の意味づけをできるようになるかについて次のように言っています。

それは「親と子の課題を分離する」ということです。言い方を変えると、「親が子どもの課題に踏み込まない」ということです。

子どもに「勉強しなさい！」とか「宿題やったの？」と言ったりすることは、子どもの課題に踏み込むことです。

勉強しないことによる結果を引き受けるのは子ども自身です。

ですから、「子どもが勉強するかどうか」は子どもの課題です。親の課題ではありません。

冷たいと思うかもしれません。でも、人が生きていくというのはそういうことなのです。

親には、子どもに対して下手に口出しをせず、我慢して見守るという姿勢が求められます。

子どもはそうした親の姿勢から、自分と親の課題を分離することを学びます。

そして、自分の課題について考え、その課題に集中するようになるのです。

子どもを叱ったり怒ったりすることにはまったく意味がありません。それどころか、子どもの主体性を奪うことになります。

それは、言い方を変えれば、子どもが一人で生きていく力を身につける邪魔をしているということです。

Q2

子どもはほめて育てたほうが伸びると言われましたが？

中学3年生の男の子です。一人っ子です。

子どもがまだ小さいときに読んだ育児書に、「子どもはほめて育てましょう」と書いてありました。叱ってばかりいると、子どもが萎縮して育ってしまうとのことでした。

「なるほど」と思い、それから**私は子どもを叱らずほめて育てるように気をつけてきました。**いまでもそうです。

テストで良い点を取ったときも、思いきりほめてあげてきました。子どもも嬉しそうでした。それでまた頑張ってくれると思っていました。

ところが、**最近はほめても反応が薄いのです。それに、点数が悪いときは親に答案用紙を見せなくなりました。成績は下降線をたどっています。**

学力をアップさせるには、どういうほめ方をすればいいのでしょうか？　教えてください。

A

子どもをほめるのも実は「支配する」ことです。

子どもをほめる。それが良いことだと固く信じている親御さんは少なくありません。

もちろん幼児のうちはしつけも大切ですし、ほめて育てることは不可欠です。しかし、子どもは成長していきます。そのままの延長ではいけません。

さて、子どもを叱って勉強させても良い成績が長続きしないことに気づいた私が次にやったことは何だと思いますか？

それは「子どもをほめること」でした。**「おまえはすごい！」「おまえは最高だ！」とにかくほめまくりました。すると、成績が上がりました。**

でも、やはり一瞬でした。その後は叱られた子どもと同様に、ほめられた子ど

もも成績は下がっていきました。

なぜでしょうか？

それは、**ほめられることを待つようになるからです。**

ほめられることに慣れてしまうと、子どもはほめられることを目的にして行動するようになってしまうのです。

「認められたい」という承認欲求ばかりが強くなり、自分のための努力ができなくなってしまいます。

こんな話があります。

何かをしたことを親にほめられるのが嬉しくて仕方のない子がいました。誰でもそうだと思います。たとえば、落ちているゴミを拾ったことを親にほめられて、それが嬉しくてゴミが落ちていると必ず拾うようになりました。ここまではいいのです。

しかし、その子は親が見ていないところではゴミを拾うことはありませんでした。

それどころか、やがて親にほめられることを求めるあまり、誰も見ていないところで自分でゴミを散らかして、それを拾っている姿をわざと親に見せるようになったのです。

子どもをほめて育てることの「落とし穴」が、こういうところにあります。よかれと思ってしたことが、わが子をそういう行動に走らせてしまう。怖いと思いませんか？

子どもを「ほめる」ということも、実は大人のエゴであることが少なくありません。

ほめることで大人は自分の価値観を無意識に子どもに押し付けているのです。

それによって、相手の成長を阻害してしまう可能性があります。

たとえば、テストで良い点数を取ったときだけ、子どもが親に答案を見せるようになることがあります。これは、以前ほめられたときに「テストで高得点を取るのが良いことだ」という親の価値観を、子どもが無意識に感じ取ったからです。

叱る教育とほめる教育を試行錯誤して私が気づいたのは、叱るのとほめるのは一見正反対のことのように思えますが、実は「叱る・怒るイコールほめる」ということでした。

どちらも本質的には、相手をコントロールすることに他なりません。

つまり、**叱るのは子どもに対する直接的な支配、ほめるのは間接的な支配なのです。**

アドラー心理学でも、子どもをほめることを認めていません。

考えてみてください。サラリーマンが社長をほめることはないでしょう。

メジャーリーガーのイチローがファインプレーをしたりヒットを放ったとき

に、「いやあ、イチロー、うまいね」とは言いません。

つまり、目上の人や自分より実力が上の人をほめるということはないのです。私たちが相手をほめるのは、常に相手を見下して評価する立場にあるときです。

「ほめる」というのは、相手にはそれができないことを前提にしています。

その行為の裏には上下関係が潜んでいます。

「この子にできるなんて思わなかった……」という心理が隠れています。

ある意味で、**子どもを信じていない。子どもを操作しようという親のエゴが隠れているのです。**


そして、たとえ無意識ではあっても、相手にはそれがよく伝わります。子どもでもしっかり伝わります。

ほめられたほうは、一瞬は嬉しく感じるかもしれません。でも、徐々にどうでもよくなってきて、そんなほめ言葉は右から左に流すようになります。

ほめるというのはタテの関係です。

子どもは支配されることを嫌がります。

だから、**ほめられても自発的に勉強するようにはなりません。子どもとは、課題を分離するヨコの関係になることが必要です。**

また、ほめるというのは単に親であるあなたが嬉しいからです。

子どもに「よくできたねー」と言うときは、あなたがそうしてほしかった願望を叶えてくれたことが嬉しいだけです。

子どもに対して何のためにもなっていないという事実を覚えておいてください。

Q3

子どもをほめないように頑張ろうと思います。

トークライブを聞いて、「子どもをほめてはいけない」「ほめるのも叱るのも親の支配」というお話にショックを受けました。

考えてみれば、私はずっと子どもをほめるのがいいことだと思い込んできました。これからは、子どもをほめないように頑張って努力しようと思います。

A

「ほめない」とは「認めて勇気づける」ということです。

子どもをほめるのが良くないと聞くと、ほめないように努力してしまう親御さんがいます。それは大きな間違いです。

まず、「叱らない」「ほめない」という教育は放任主義ではありません。**「ほめない」ということは、叱るのではなく、放任するのでもなく、「認めて勇気づける」ということです。**

前提にあるのは、子どもの存在そのものを「認める」ということです。

とくに**高学歴の親の場合、子どもの教育がうまくいかないことが多々あります。**

それは、たとえば子どもが高得点を取らないと認めない、といったことがあるからです。

「こんな点数しか取れないの？　私が高校の頃はこんな問題は努力すれば簡単にできたものだわ」

「この程度の成績で満足しているようでは、◯◯高校へは行けないぞ」

「おまえはお父さんの子なんだから、もっとできるはずだ」

これらの言い方が、どれだけ子どもの勇気をくじいているか。それがおわかりになるでしょうか？

こういう親の超エゴが、子どもをがんじがらめにして動けなくしてしまうのです。

「ほめない」というのは「認めない」ということではありません。

このように間違った認識をしてしまうと、子どもを追い詰めることになってしまいます。くれぐれも注意してください。

では、「認めて勇気づける」とは、どういうことでしょうか？

野菜の嫌いな子が、ある日なぜか野菜をモリモリ食べていたとします。

そのとき、あなたは何と言いますか？

普通なら、「野菜をたくさん食べて偉いね」と言うでしょう。

これは子どもをほめています。ほめられたほうは嬉しいかもしれません。

でも、心から喜んでいるわけではないのです。

本人は野菜を食べたことをべつに「偉い」なんて思っていないからです。

では、何と言えばいいのでしょう？

「ずいぶんモリモリ食べてるね。お母さんも食べたくなってきた」という言い方をするのです。

この違いがおわかりでしょうか？

前者は、食べられないものを食べた子どもをほめて相手を支配しています。

後者は、「モリモリ食べている」という客観的な状況と「私も食べたくなった」という自分のことを言っているだけです。

つまり、**相手がどうこうということには一切触れていません。課題を分離しているわけです。**

後者のように言われた子どもは、また次からも野菜を食べるようになるでしょう。

後者の言い方が「勇気づけ」です。「ほめる」と「勇気づけ」には微妙な違いがあるのです。

別の例を挙げましょう。

会社で部下が良い仕事をした、たとえば良い文書を作った場合、どういう言い方をするでしょう。

「いやあ、君、よくできてるよ。やるねえ」

これは支配です。

「うん。このへんの工夫がいいね。この先を読みたくなるよ」

これが勇気づけです。

「勇気づけ」ということを考えるときに思い出すのは、2001年の夏場所で、貴乃花が場所中に怪我をしたにもかかわらず逆転優勝したときのことです。賜杯を渡した小泉純一郎首相（当時）がこう言いました。

「痛みに耐えてよく頑張った。感動した！」

前半の「痛みに耐えてよく頑張った」は上から目線です。しかし、後半の「感動した」は自分の思いです。

翌日の新聞各紙などの報道では、「感動した」という言葉だけが大きくクローズアップされました。前半の言葉は消えていました。「感動した」という言葉がいかに国民を刺激し、人々の心を揺り動かしたかがわかります。

子どもへの勇気づけもまったく同じです。認めて勇気づけをすることによって子どもの「自己肯定感」を育てる。これが子育てにおいて最も重要なことです。

Q4

子どもの勉強を応援してあげたいのですが、どうしていいのかわかりません。

中学2年生の男子です。

テストで良い点を取ったときは、「やったね！　頑張ったね！　本気出せばちゃんとできるじゃん！」と思いきりほめます。

ところが、**ほめるとすっかり気を良くして、しばらく勉強しないし、生活も乱れがちになります。それで叱ってもまったく言うことを聞きません。**結局、成績はちっとも上がりません。

どういう言い方をすれば子どもを応援してあげられるのでしょうか？

A 「アイメッセージ」を使って勇気づけをしましょう。

お子さんがテストで良い点数を取ったときは、こういうふうに言ってみてはいかがでしょうか。

「へえ、すごい点数を取ったんだ。今回しっかりやってたからね。お母さんも仕事もっと頑張ろう！」

この言い方のポイントは何だと思いますか？

「主観」で話すということです。つまり、「私は◯◯だ」という言葉を使うのです。

前述した小泉元首相の例で言うと、「(私は)感動した」ということです。この場合、「私は」というのは省略してかまいません。

こういう言い方を「アイメッセージ」と呼びます。「私メッセージ」とも言います。

アメリカの心理学者トマス・ゴードン博士が、親としての役割を効果的に果たす訓練について書いた『親業』(大和書房刊)の中で提唱した相手の心に届くコミュニケーションの方法です。

「私」を主語にして、自分自身がどう感じているかという思いを語るのです。

子どもがテストで良い点を取って嬉しければ、「偉いわね」ではなく、「お母さん、嬉しいわ」と言ってください。

子どもが悪いことをしたら、「何やってるの！」と相手を責めるのではなく、「(私は) 悔しいわ」「(私は) 恥ずかしいわ」という言い方をするのです。

このようにアイメッセージは自分の主観なので、相手を支配することにはなりません。

子どもを応援するときは、アイメッセージを使うように心がけてみてください。


でも、常にアイメッセージを使う必要はありません。

たとえば、ただ子どもにシャツを着させたいときに、「このシャツを着たら、お母さん嬉しいんだけどな」などとは言いません。

シャツを着るのに勇気なんか必要ありませんから（笑）。


つまり、アイメッセージを使うのは相手に「勇気が必要なとき」です。

相手が何か物事をうまくやった結果をほめたいとき、逆に何かの行動ができな

いときや相手が困っているときなどに使うのが効果的です。

この反対が「ユーメッセージ」です。

たとえば、「(あなたは)優秀だね」「(あなたは)頑張ったね」「(あなたは)こうすべきだ」という言い方です。

これらはすべて主語が相手であり、ユーメッセージです。ユーメッセージの背後にあるのは上から目線であり、相手への支配、コントロールです。

評価、非難、説教、指示などはすべてユーメッセージです。ユーメッセージは相手をやっつける話し方です。

つまり、**ユーメッセージをアイメッセージに変えるということ。これが勇気づけのための、そして相手に物事を伝えるための重要なスキルです。**

では、こういうケースはどうでしょう?

勉強しない子どもに対して「勉強しなさい!」と怒るお母さんはたくさんいる

でしょう。
子どもが勉強もせず遊んでばかりいるとたしかにイライラするでしょう。
しかし、そこで怒るのは逆効果です。
怒りというのは二次感情です。
それ以前に、子どもが勉強しないのを見て「残念だ」という気持ちがあるはずです。
その最初の感情をストレートに伝えればよいのです。
「お母さん、残念だわ」と。

そこで止めておけばいいのに、イライラして「何やってるの！　ちゃんとしなさい！」と怒ってしまう。
すると、子どもは無意識に「支配」を感じ、ますます勉強する気が失せてしまいます。

多くのお母さん、お父さんは子どもに対して「勇気づけ」ではなく「勇気くじ

き」をしてしまっているケースが少なくありません。

何か問題が起こったときに、私たちはその原因を分析します。それは物理的な問題では正しいアプローチです。

でも、コミュニケーションの場では原因分析をしてはいけません。ソリューション、つまり解決法を考えることが重要です。

物理的な検証をしても解決できません。その時点で「勇気くじき」になっているからです。

たとえば、子どもが朝起きられないと、「どうして起きられないの！　夜更かししてるからでしょ！」と叱る。これは「勇気くじき」です。

そうではなく、**「どうしたら起きられるようになるかな？」と問いかけて解決法を考えさせる。これが「勇気づけ」です。**

おわかりいただけたでしょうか。

でも、「勇気づけ」は実は難しいことでもあるのです。

理由は、あなたの中には常に自分自身がいるからです。

人間はいつも自分が中心になりがちです。とくに自我（エゴ）の強い人は、相手のことを考える前に、常に自分がいるのでそれが障害になります。


太古の昔、人間が生存のために本能だけで生きていた頃はそれでよかったのですが、現代社会ではそれは生きていく上で不都合になります。

自我の強い人は優先順位の1位が自分なので、子どもにも自分のエゴを満たすような言動を無意識にしてしまうのです。

仏教の修行をする人は、自我をなくすことがその目的の一つだと言います。それほど自我が邪魔になるからです。

私は無宗教ですが、そのような鍛錬を何年もしています。それでも難しいことがあります。すぐに勇気づけのスキルがうまくなるということは、なかなかありません。それが普通ですので、焦らないで気長に身につけていきましょう。

Q5

子どもに勉強を教えているのに
ちっとも成績が伸びません。

中学1年生の女の子がいます。小学校の頃と違って勉強も難しくなってきて、わからないことが増えてきたようです。

家で勉強していてわからないことがあると、「ここ教えて」と言ってきます。やる気を感じて嬉しく、もちろん喜んで教えてあげます。子どもに教えてあげられるのが少し誇らしくもあります。

ところが、教えてあげると、本当に理解したのかどうかわからないのですが、さっさと次の問題に移ってしまいます。

そうやって勉強しているのですが成績はさっぱり上がりません。

どうしてなのでしょうか？

A

「教えない」ほうが子どもの成績は上がります。

私は長年の塾講師の経験から、「叱らない」「ほめない」ことが子どもの主体性を高めることに気づき、そういう教育を行ってきました。

そして、もう一つ大切なことがあります。

それは「教えない教育」ということです。

「塾講師なのに勉強を教えないのか」と言われそうですが、「教えない」ほうが子どもたちの成績は上がっていきます。

実は最近偶然知ったのですが、これも驚くことにアドラー心理学の基本的な考え方と同じでした。

「教える」のは簡単です。自分の持っている解決法を相手に伝えればいいのですから。でも、それは相手にとっての解決法ではありません。

子どもが勉強する目的は何だと思いますか？

いっときの成績を上げることではありません。将来、独り立ちするための自己解決能力を身につけるためです。

大人になって壁にぶつかったとき、解決法を教えてくれる人がいるとはかぎりません。自分の力で乗り越えていかなければならないのです。

何でも教えてもらう習性がついていると、必ず挫折してしまいます。また、教えてもらうことに慣れると、指示待ちの癖がつきます。自分から動こうとしなくなるのです。

自分のために、自分から勉強する。お子さんにはそういう姿勢を身につけさせましょう。

目先の成績のアップダウンに一喜一憂せず、子ども長い目を持って見守ってあげてください。

最も大切なのは、「教えないで教えること」です。「教えないで勇気づけをすること」です。

私の経験からはっきり言えることですが、勇気づけがなされている子どもには何も教える必要がないのです。

たまに、塾にも行っていないのにとても勉強のできる子がいます。そういう子は、長年のうちに勇気づけがなされているのです。

お子さんが小さい頃のことを思い出してみましょう。

たとえば、自転車の補助輪が外れたときのことを。最初は自転車の後ろを持ってあげて練習し、あるときパッと手を放して乗れるようになります。

ずっと、支えてあげていたら絶対に一人で乗れるようにはなりません。

勉強も同じです。「この問題どうやって解くの？」と聞かれて、「こうやるんだよ」と教えてあげていたら、その子は問題の解き方を覚えません。

満足するのは教えている側だけです。まったく子どものためになっていません。

私は塾生に「教えて」と聞かれたらこう対応するようにしています。

「どこがわからない？」「どうしたらわかると思う？」「どの部分が問題なのか？」と聞き返すのです。

そして、まずは自分で考えさせるのです。その問題の答えを知ることが重要なのではありません。自分で考えることが大事なのです。

結論を言いましょう。

子どもの教育で重要なのは、「自然な結末を体験させる」ということです。

人は自分で体験したことからしか学べません。

「勉強ができない」という体験、「どうやっていいのかわからない」という体験。

子どもはそうした体験から自己解決能力を身につけます。

そこで必要なサポートが「勇気づけ」に他なりません。

自分のことを考えてみればわかりますが、私たちは何でも失敗から学んできたはずです。

それなのに、**子どもに対しては先回りして失敗させないようにしてしまう。これは勇気くじきの最たるものです。**

子どもには小さな失敗をたくさんさせましょう。それをしなければ親の役目を放棄したことになります。

どんなに子を思う親でも、子どもの人生を代わりに生きることはできないのですから。

Q6

うちの子はゲームばかりしています。

うちの子は中学3年生の受験生なのですが、毎日テレビゲームばかりして困っています。学習意欲はまったく感じられません。**時間があるといつもゲームに向かっています。どうしてその時間を勉強に振り向けられないのかと思います。**

何度も言い聞かせてはいるのですが、まったく効果はありません。たまに机に向かっているなと思って安心していると、30分後にはベッドに横たわってゲームを始めています。

そのたびに口論になり、毎日その繰り返しで無力さを感じてしまいます。

ゲームばかりして勉強をしない子どもに対して、ゲーム機を取り上げるなど強硬手段に出たほうがいいのかとも思いますが、それでは何の解決にもならないような気もします。

ゲームの時間を減らして勉強させる方法はないでしょうか？

A　ゲームと同じ時間だけ勉強するというルールを作りましょう。

小学生にかぎらず、お子さんがゲームのやりすぎで困っているという親御さんは少なくありません。そういう場合、どうしたらいいのでしょう？

まず、**ゲームを取り上げるというのは最悪の対処法です。そもそもゲームが悪いと誰が決めたのですか？** 私はそんなことはないと思っています。

子どもにとってゲームは遊びと一緒です。テレビゲームだから悪いということはありません。

ゲームにも学びがあります。私たちが知らないようなことを子どもたちはゲー

ムからたくさん学んでいます。

たとえば、こんな話があります。サバイバルのシミュレートゲームをしていた子どもが、東日本大震災で食料などがなくなったとき、大人が知らないようなサバイバル術を知っていて力強く生き抜いたそうです。びっくりしますよね。

パイロットはフライトシミュレーターで飛行機の操縦技術を学びます。あれはいわば3Dゲームです。

また先日、床屋さんに行ったのですが、そのときも驚くことがありました。小学生の息子さんが、店の奥で「俺、こっちに行くからね」「あ、ちょっと待ってて。髪の毛の掃除してくるから」などと誰かと話しているのです。

いったい何をしているのかと思ったら、スカイプで友だちと通信しながら3Dのゲームをやっていたのです。

こういう時代なのです。

私たち大人は、スカイプの使い方やネットワークの接続の仕方などを多くの時間を費やして勉強して習得します。でも、いまの子どもたちは遊びのなかから、いとも簡単に覚えていくのです。

ゲーム、イコール悪いという認識はもう取り払ったほうがいいと思います。

多くのお父さん、お母さんは、「ゲームは遊びだから悪い。勉強は良い」というふうに考えがちです。

そうではなく、ゲームと勉強を同じ次元で扱うのです。

そこで、こんなルールを決めましょう。ゲームをやった時間と同じ時間だけ勉強するというルールを作るのです。

「ゲームは◯時間まで」とゲームをやる時間を制限するのではありません。そもそも1時間はよくて2時間はダメという根拠がありません。

時間の制限はしないけれども、たとえば2時間ゲームをしたら必ず2時間勉強

をすると約束させるのです。

そして、これを記録させることが重要です。最も効果的なダイエットの方法をごぞんじですか？　記録です。毎日体重計に乗って記録することです。

なぜ記録するとやせるのか？　現状を認識するからです。

でも、多くの人はダイエットしたいと思いながら、体重計にも乗ろうとしません。現状を認めたくないからです。それではやせられません。

ゲームと勉強もこれと同じことなのです。

私の塾には学習記録表というものがあります。**ゲームをやった時間を色で塗りつぶして記録していきます。そして、それと同じ時間だけ勉強することを掟にしています。**

そのルールが守れない場合は、ゲームを制限するなどの対応をしてもいいでしょう。

ルールを守らせるということは非常に大切です。このことは小さい頃から徹底して教えこまなければなりません。

自分に対して決めたことを守れないときは、それぞれ家庭ごとのやり方で対処するようにします。罰を与えてもいいでしょう。ただし、何かその子のためになるような罰がいいと思います。

いちばん大切なのは親御さんの考え方です。

「ゲームは遊び」で「勉強は勉強」と分けて考えると、子どもは勉強をしなくなります。

このへんはマインドセット（心構え、考え方の転換）が必要なのですが、勉強とゲームの価値を同じにするのです。そのことによって、子どもたちは「勉強はゲームと同じぐらい楽しい」と思うようになるのです。

その面白さを教えるのがお父さん、お母さんの役割であり、私の仕事です。

たとえば、**みんなが使っているスマホやゲームなどには、いま勉強している数学や物理の理論が応用されているといったことを話して聞かせるのです。**

私はゲームの価値を積極的に認めるようにしています。

子どもたちは「悪いもの」は隠そうとします。「ゲームばかりやって」と親に言われると、子どもは親に怒られるからと隠れてゲームをやるようになります。

これがよくない。

これは、ゲームだけではなく、いろいろなことに応用が利きます。

一般的によくないと認識されているもの、たとえばマンガです。

マンガも素晴らしいものです。でも、その素晴らしいマンガを書いた人は子どもの頃にこういう勉強をしていたということも教えてあげなければなりません。

このように、**遊びと勉強がリンクしていることを教える。私はこれこそが教育ではないかと思っています。**

ともかく、ゲームを禁止したり制限をするのはやめましょう。ゲームをやった同じ時間だけ勉強するとルールを決めても、はじめはうまくいかないかもしれません。でも、なるべく広い視野で考えることが必要です。**子どもが楽しいと感じるものは尊重しましょう。**

そもそも、たとえばテレビゲームやｉＰｈｏｎｅなどは、そういった遊び心、楽しみの追求などから生まれたものです。楽しくて誰もが使える高機能のツールをポケットに入れて持ち運べる。それは私たちの夢でした。

アップルのスティーブ・ジョブズなどは、自分の興味、好きなことを追い求めて成功したわけです。すべてはマイナスではないのです。

ゲームは悪、勉強は善。そんな常識にとらわれるのは、そろそろやめにしませんか。

Q7

子どもがトレーディングカードにハマっています。

中学1年生の男の子です。まだ受験ということがピンと来ていないのか、なかなか勉強しようとしません。少し勉強すると、それでやった気になり、すぐに終わってマンガを読んだりしています。

いまいちばん困っているのは**トレーディングカードにはまってしまっていることです。とにかくのめり込んでいて、勉強どころではないという感じです。**

周囲の友だちは年齢的にもうトレーディングカードからは卒業しているのですが、うちの子は仲間がいなくても楽しいらしいのです。

学校から帰ってくるとすぐに自分の部屋に入って、カードの研究をしたり、アメリカに引っ越した友人とスカイプでカードの話をしたりしています。

お金もかかるし、どうしてあんなカードゲームに夢中になるのかよくわかりま

せん。きっぱりやめさせたいと思うのですが、どうすればやめさせることができるでしょうか？

A 好きなことはやめさせないほうがいいでしょう。

息子さんはよほどトレーディングカードが好きなんですね。スカイプでカードゲームなんて最先端じゃないですか。

どうしてやめさせようと思うのですか？　カードゲームが悪いという常識にとらわれていませんか？

カードゲームはいいと思いますよ。なぜかというと、トレーディングカードなどのカードゲームで子どもたちはすごく頭を使っているのです。

ゲームを通して頭の回転が速くなったり、記憶力や集中力のアップにつながるかもしれません。

トレーディングカードは、高価なカードを集めるのに多額のお金を使ったり、友だちとの売り買いでトラブルになったり、行き過ぎてしまうところが問題ですが、限度さえ超えなければ、「やめさせる」という方向に持っていくのはちょっと違うと思います。

そもそも、悪いことでないかぎり、子どもが好きなことは、やめさせるべきではありません。好きなものを取り上げられてしまうのは子どもにとってとても悲しいことです。

どんなに好きな子でも中学2年、3年になればカード熱も冷めますから放っておいていいでしょう。

それでも熱が冷めないのであれば、むしろ続けさせるべきです。

こんな話もあります。折り紙の好きな少年がいて、折り紙の大会で日本一になり、折り紙の本を出してベストセラーになりました。

子どもの将来にはいろいろな可能性と方向性があるのです。

かつて私の塾に通っていたある中学2年生の男の子は茶道に夢中でした。お母さんは「まわりの友だちはみなサッカーや野球をやっているのに、なぜうちの子は茶道なのか」と悩んでいました。

その子は自分が否定された気持ちになり、どんどん気持ちが内向していきました。

ある日、「なんとかしてください」と言ってきたお母さんに対して、私はこう答えました。

「素晴らしいじゃないですか。日本の伝統である茶道が好きな男の子なんて貴重です。やらせてあげてください」と。

それによって、その子は非常に元気になりました。自分の好きなことを認めてもらえたことで前向きになることができたのです。

子どもを押さえつけて、評価してあげない大人がいかに多いか。私たち大人は、自分の判断や常識を子どもに押し付けていることに気づくべきです。子どもを作っているのは完全に親です。子どもの問題点を作っているのも親です。

これは盲点になっているのですが、子どもは一見変なことをしているように思えても、実はそれが素晴らしい個性だということが少なくありません。

子どもの好きなことを認めてあげましょう。認めながら育てていくことがとても大切なのです。

それに、**世の中のお父さん、お母さんは、子どもが机に向かっていることを勉強だと考えているかもしれません。**

でも、そんなことはありません。何でも勉強につながります。

鉄道が好きなら鉄道を糸口にいろいろな勉強ができますし、カードゲームで戦術を考える力を養えるかもしれません。

自分の好きなことを追求することで、むしろ机上の勉強よりも、超立体的な思考を身につけることができます。

Q8

高3なのに一日に1時間も勉強しません。

うちの子は高校3年生、受験生です。高3の6月だというのに学校から帰宅すると毎日ゲームを2、3時間もやっています。

戦闘モノのゲームにはまっていて、オンラインで友だちと対戦しているようです。ただ、それまで学校生活がつまらなそうだったので、インターネット上であっても一緒にゲームをできる友だちができたことに私多少ほっとしました。ただ、高3のこの時期になってもゲーム三昧《ざんまい》ではさすがに心配です。

私が部屋に入って「いつまでゲームをやっているの」と言うと、しぶしぶやめるという感じです。

ゲームばかりしていてはダメだということはわかっているようなのですが、自分でセーブできず、勉強は一日に1時間程度です。

何度も話して、いまが大事な時期だということを伝えたつもりですが、本人はまったくわかっている様子がありません。

私が何を言っても、いつも冷たく突き放すような態度です。

このような状態の息子にどう対応すれば、勉強をするようになるのでしょうか？

A 勉強しなければ大学に行けないと認識させましょう。

ゲームにはまってしまうと、たしかにそういう状態になりますね。

ゲーム自体が悪いわけではないのですが、自分をコントロールできなくなるのです。

私は以前、タバコを一日50本吸っていました。誰に何を言われてもやめませんでした。子どもが生まれても吸っていました。

あるとき、車を運転していて対向車の中で女の人がタバコを吸っていたのですが、煙にまみれていて、まるで毒ガス室にいるみたいだと思ったんです。それを見て、私は初めて「タバコをやめよう」と思ったのです。

これがどういうことかわかりますか？

人間は、自分が自分の状態を正確に認識しないかぎり行動は変えられないということです。

お母さんが勉強もせずにゲームばかりやっている息子さんを心配する気持ちはよくわかりますが、**どれだけ言っても無駄です。**

しかし、息子さんの行動を変える方法はあります。

自分が勉強をしないでゲームばかりやっていては大学には行けない、ということを本人が認識したらどうなるでしょう？　行動が変わるはずですよね。

では、それを誰がどうやって伝えればいいのでしょうか？

お母さんがこう言うのです。

「勉強しないということは大学には行かずに就職するのね。それなら、進学のために用意していたお金が浮くから、お母さんは好きなものを買えて贅沢できるから嬉しいわ」と本気で喜んで言えばいいでしょう。

明るくニコニコして言うことがポイントです。「そうか、来年は就職か。よかった、よかった」と。

その子が本気で大学に行きたいと思えば、勉強を始めるはずです。まわりの友だちはみな進学するのに、自分だけがハローワークに行くのは嫌だと考えれば、行動を変えるでしょう。

これはある種の荒療治ですが、ぜひ実践してみてください。いまよりも何倍も状況はよくなるはずです。

いちばんよくないのは、なんとなくレールに乗って、なんとなく進学できると

いう状況をお子さんに与えてしまうことです。それでは結局、本人が社会人になって苦労します。

いま、息子さんは黙っていても大学に行けると思っています。お母さんも心配ではありますが、どこかでそう楽観しているはずです。

親は、自分の子どもですから、将来の就職のことを考えて学歴をと当然のように考えます。子どもは子どもで、自分は当然のごとく進学できると思っています。

そして結局、**どうにもならないような大学にお金を積んで行くことになるわけです。親がそれを叶えてしまう。叶えなくていいのです。**

それが叶わなくても、それはその子の選択です。大きな目で見れば、何も考えずに進学した子よりも、自分で選択した道を進んだほうが人生にはプラスになります。

そうは言っても、親としては大学に進んでほしいでしょう。だったら方法は一つしかありません。ゲームばかりして勉強をしない自分の現状をしっかりと自覚させ認識させることです。

Q9

うちの子は「勉強しなさい」と言うとすぐイライラして怒ります。

高校1年生の息子は、思春期真っ只中です。高校受験を突破して入学できたのはいいものの、入学後は部屋でゲームやスマホ三昧。

「勉強しなさい」とひとこと言おうものなら、すぐにイライラして怒り出します。

あまりしつこく言うのもお互いのためにならないと、最近あきらめの日々です。

こんな状態の子どもにどう接したらいいのか悩んでいます。

A

「勉強しなさい」は禁句です。

まず、お母さんの思考を根本的に転換する必要があります。

「勉強しなさい」と言われてイライラしたり、怒り出したりする子は、勉強しようとしています。わかりますか?

自分に当てはめて考えてみればすぐにわかります。

あなたがダイエットしようとしているとしましょう。

目の前にある大好きなお菓子を食べたいので夕食は少なめにすることにしました。これでお菓子が食べられると手を伸ばした途端に、「おまえ、ダイエット中だろ」と言われたらどう感じるでしょうか?

洗濯物がいっぱい溜まっていて、「今日は洗わなきゃ」と思った瞬間に、ご主人に「おまえ、いい加減にそれ片付けろ」と言われたらどうですか？

「そんなこと、わかってるわよ！」と言い返したくなるはずです。

それと同じことをお母さんがお子さんに対して言っているわけです。

勉強しなければならないことは重々わかっているのです。わかっているからこそ、「勉強しろ」と言われたらカチンと来るのです。そして、逆にやる気も失せてしまうのです。


勉強しようと思っていない子は、「勉強しろ」と言われてもキレたり怒ったりはしません。言われてもどこ吹く風、右から左に流すでしょう。

お父さん、お母さんはもっと子どもを大きく包んであげなければいけません。口を開けば「勉強しなさい」「宿題やったの」と言われたら、子どもにしてみれば居場所がなくなってカッとしてしまうでしょう。

勉強しようという気持ちはある子なのです。勉強を始めるのを待つしかありません。

それに、お子さんはまだ高校1年です。スマホも持たずに我慢して高校受験を突破したばかりです。スマホをさわりたい時期なんです。すぐに飽きます。

そういう時期も味わわせてあげないと、いつまでたっても中途半端な状態が続き、逆に将来が心配になります。お子さんには大きな気持ちで接しましょう。

ともかく、勉強しようと思っている子に対して「勉強しなさい」は最大の禁句です。

ただし、生活習慣のことは別です。

高校、大学に合格する子は生活習慣がきちんとしています。**不思議なことに、基本的な生活習慣がきちんとしてくると、子どもは自然と勉強をするようになっていくものです。**

お母さんはつい、勉強のことばかり気にして、子どもの生活面には目をつぶり、生活管理がおろそかになりがちです。

とくに、寝起きの時間、食生活、友人関係、テレビの見過ぎなどについては、お母さんはうるさいぐらいにどんどん言ってあげてください。

Q10 子どもが言うことを聞かないのでイライラします。

最近、私は子どもに朝早く起きるなどの生活習慣を改善させることやルールを守らせる難しさを感じています。

初めは穏やかに話せるのですが、子どもが言うことを聞かないとだんだんイライラしてきて、最後には激怒してしまいます。

先輩方はこういう状況をどうやって乗り越えていったのかを教えていただけると嬉しいです。

A 子どもは親の言うことを聞かないのが当たり前です。

そうですね、これは1つの壁なんです。

まず、お子さんが赤ちゃんの頃のことを思い出してください。

まわりのお友だちはみんなオムツがとれたのに、自分の子だけオムツがとれるのが遅かった、ということはありませんでしたか？

オムツにかぎらず自分の子だけが発達が遅くて焦ってしまったという経験が多かれ少なかれあると思います。


自分の子育ての話をすると、わが家では子どものオムツをあえて早くとらないようにしていました。

子ども自身が、オムツをしているのが気持ち悪いと感じるまでオムツをつけるようにしたのです。

その結果、オムツをとってから失敗しておもらしすることは、ほとんどありませんでした。

世の中にある一般的な常識というものを疑ってみるのはすごく大切なことです。

たとえば、いま勢いのある企業の一つにグーグルがあります。

10年前に、グーグルが世界でも有数の会社になるとは誰も予想できませんでした。これからの子どもたちはそういう時代を生きていくことになります。

ですから、従来からの固定観念にとらわれて子育てをすると必ず壁にぶつかることになります。

ここにいろいろな問題があります。たとえば、学校の先生の悪口を言うつもりはありませんが、常識的な考え方にしばられており、子どもの本当の気持ちを考えていない教師が少なくありません。

質問内容に戻ります。早起きなど生活習慣の改善が難しいという話でしたね。これはほとんどの親御さんが感じていることでしょう。子どもの行動を変えるのが難しいというのは当たり前の話なのです。

子どもは絶対に思いどおりにはなりません。

わが子とはいえ、自分とは別の人間です。私たちは自分以外の人間を変えることはできません。思いどおりにできるはずがないのです。

自分自身でさえ思ったようにコントロールできないのですから、ましてや他の人を意のままに動かすのはどう考えても無理です。

でも、**お母さんは自分の子どもを意のままにコントロールしたいのです。ここに無理が生じます。**

最初に、子どもをコントロールすることはできないと思ってください。**子どもが親の言うことを聞かないのは当たり前のことなのです。**そこからスタートしましょう。

もし、**中学生や高校生で何でも親の言うことを聞く素直な子だとしたら、それは逆に危ないです。**

人間である以上、自我が芽生えて親の言うことに逆らうというのは必ず通る道です。そういう体験をしていない子は社会人になってから大変なことになる可能性があります。

でも、生活習慣のことは子どもに言わないよりは言ったほうがいいんです。何も言わなければ子どもは何も変わりませんから。

コップに水を溜めたいのであれば、1滴ずつでも入れていけばいつかはコップからあふれます。

でも、入れなければあふれません。それと同じです。言い続けることによって、いずれは変化があります。

問題は言い方です。明るく言うことが大切です。

朝起きないのなら、笑って明るくたたき起こしましょう。

暗く言ってはいけません。暗く言うと、子どもは反抗的になりますし、お母さんもイライラしてきます。

暗いと物事すべてが悪い方向に行きます。明るく言えば子どもも面白がってきます。

朝起きない子も何回も笑って明るくたたき起こされていると、たまには起きてみようかなと思うものです。それで少しずつ前進します。

早起きでもなんでもそうですが、大切なのはそうすることが自分にとって得だと認識させることです。

先ほどお話ししたオムツの話も同じです。自分が気持ち悪いということを赤ちゃんが認識しないとオムツはとれません。

勉強も同じです。勉強をするとどんな得があるかを子ども自身が認識すれば、自然と勉強するようになります。

Q11

子どもに何を言っても、面倒くさそうな態度で話を聞きません。

うちの子は親の話が納得できないと言います。

子どもに何かを話したり、聞きたいことがあって質問をいろいろ重ねていくと、面倒くさそうな態度で全然話を聞こうとしません。

うるさそうにして返事もしません。

何を言っても伝わらないのかと悲しい気持ちになります。

ただ、このまま見守るだけでいいのでしょうか？

子どもに説教したり、いろいろ話すことは無駄なのでしょうか？

A

お子さんを認めることから始めてください。

まず、説教は無駄です。

子どもに何を言っても伝わらないのはなぜだと思いますか？

おそらく、お母さんがお子さんを認めていないからだと思います。

たとえば、大人でも、自分がなんとなく信用されていないなと感じるような相手からいろいろな話をされても納得できないでしょう。でも、自分を信頼してくれる人だったら、聞く耳を持つはずです。

多くの親は、いまの自分の現状、つまり親という立場で子どもに物事を押し付けようとします。それが問題なのです。

思い出してみてください。あなたがいまの自分の子と同じ年頃のときに、どんなことを考えていましたか？　しっかりした考え方をもって勉強していましたか？

おそらく、何も考えていなかったと思います。私はそうでしたね。ただ、流れるままに暮らしていたと思います。親に言われたこともほとんど覚えていません。

ましてや、いまは少子化で兄弟も少なく、親の目が一身に自分に向かってくる。

それでいろいろ小言を言われたりすれば、煩わしくて耳をふさぎたくなるのも当然です。**子どもは親が言っていることはわかっているんです。でも、素直に聞くことはできません。これは仕方のないことです。**

面倒くさそうな態度で、耳を傾けてくれないのはお母さんにしてみれば悲しいでしょう。

では、これが「**お母さん、わかった。僕、明日から頑張るよ**」**と素直に従ったらどうですか？　気持ち悪いと思いませんか？　こういう子は逆に危ない。でも、お母さんはそういうリアクションを要求しているのです。**

中学、高校のころの年頃は親に多少反抗的な態度をとるぐらいでないと、はけ口がなくなり、おかしな方向に行ってしまう危険性があると思います。

息子さんは正常に育っていると思いますよ。

子どもに面倒くさそうな態度をとられても、そこはお母さんがどんと受け止めてほしいと思います。一時期の話です。

Q12

テストで満点を取ったらゲームを1時間30分してもいいことにしています。

小学4年生です。漢字と計算のテストがあるときには、両方満点を取ったら、その週の1日はゲームを1時間30分やってもいいという約束をしています。私が決めたことなのですが、このやり方はどうでしょうか？

A 見返りを求めて勉強をやるようになってしまいます。

そのやり方は絶対にダメです。ゲームのために勉強をするようになってしまうからです。

同じように、**最悪のやり方について言っておきます。多くのお母さんがやっているると思います。**

それは、テストでいい点を取ったら、ごほうびにお小遣いをアップしたり、モノを与えることです。このやり方をしていると、子どもは勉強することに見返りを求めるようになり、何のために勉強しているかを見失ってしまいます。

将来、変な人間になってしまうでしょう。

勉強するのはお金やモノをもらうためではありません。自分を高めるためにするものです。

そういうところの軸を外さないようなやり方でモチベーションを上げないと、曲がった人間になってしまいます。

とくに、小学生の子を持つ親御さんにとってこれは重要です。


小学生の子はよくこんな質問をするかと思います。

「どうして勉強しなければいけないの？」

そんなときは、こう答えてください。

「それは人の義務なんだよ」と。


たとえば、犬は嗅覚などが発達していて、食べ物を探したり、危険を察知するために発達した感覚を総動員します。

これに対して人間は、そういった感覚のかわりに脳が発達したので、ものを覚えたり考えたりして生活していくようになりました。

だから、人間は生きていくために勉強をしなければいけません。それが使命なのです。これを子どもたちに教えなければなりません。

塾の合言葉は「NO STUDY. NO LIFE」です。「勉強のない生活なんてない」「生きることは勉強」ということです。

つまり、人は生きていくかぎり、大人も子どもも関係なく常に勉強し、自分を高めていかなければならないのです。

「なんで勉強しなきゃいけないの?」と子どもに聞かれたら、「人間に生まれたからだよ」と教えてあげてください。

Q13

勉強しても30分でやめてしまいます。集中力がありません。

塾では集中して勉強しているようですが、家ではできません。30分もたないのです。集中力がないのです。

子どもに集中して勉強させるコツはありますか？

それから、やる気スイッチがどうすれば入るのか教えてください。

A 集中力がないのでなく、集中できる環境になっていないのです。

子どもにやる気スイッチが付いていたためしなどありません。あったら、誰でも押します(笑)。

子どもにやる気を起こさせたいのであれば、家の環境を変えるべきです。

集中力がないと言いますが、どんな子にも集中力はあります。集中力のない子などいません。

集中できないのは、集中できる環境になっていないために意識が散漫になっているからです。環境に邪魔なものがあると子どもは集中できません。

その最たるものがテレビです。

あなたの家ではテレビがつけっぱなしになっていませんか？

何度も話していることですが、**私は数年前に家にテレビを置かないようにしました。テレビを遠ざけると世界が変わります。ぜひ試してみてください。**

テレビを置かないようになって、まず時間が増えました。子どももそうですが、テレビがないと自分から能動的に何かをするようになります。

ところが、テレビがついていると、すべて受け身になります。ただ、ぼーっとしてテレビから垂れ流される情報を浴びているだけになります。


だから、**テレビは人間の脳をダメにするのです。脳科学者の苫米地英人博士も同じことを言っています。**

苫米地博士によると、テレビの刺激によって能動的な思考を行うことができなくなります。すると、物事を見て、何かを感じ取り、そこから抽象的な思考をすることもできなくなります。抽象的な思考を行うのは人間の脳の最も高度な部分である前頭前野の働きなのですが、その働きが失われてしまうそうです。

私はテレビの弊害を実感して、塾の子どもたちにもそう言っています。テレビを見ないことを実践しているご家庭もあります。そういったご家庭では、子どもだけではなく家族全体が変わったとおっしゃっています。

それから、お子さんが集中できない原因として、集中する前にまわりからいろいろな雑音が入ってくるからではないでしょうか？

勉強しようとしているところに、小言を言うとか、話しかけてしまうとか。

いずれにしても、お子さんが集中できないのは、集中力がないのではなく、集中しようにもできない状況にあるのです。

家の環境をよくチェックしてみてください。子どもが勉強するようになるかどうか、それはすべて家庭の環境で決まります。

Q14

うちの子はリビングでテレビを見ながら勉強するのですが？

うちの子は、リビングでテレビを見ながら勉強します。音があったほうが集中できるからと、なかなかやめようとしません。**勉強内容に集中できないようで、たまに目を向けると、テレビに見入っているような状態です。**

どうにかしたいのですが？

A

テレビを見るとバカになります。

テレビを見ながら勉強しても集中できるはずがありません。即刻、消しましょう。

というよりも、そもそもテレビを見ること自体が脳にダメージを与えます。テレビは見れば見るほどバカになります。

アメリカの研究では、テレビを1日1時間見ると寿命が22分縮まるということが統計学的にわかりました。

また、1日のテレビ視聴時間が6時間の人とテレビをまったく見ない人を比べると、1日6時間見る人の平均余命は4・8年短いこともわかっています。

ショッキングな結果ですが、私は薄々気づいていました。

ニュース番組ならいいのでは、と考えている親御さんもいるかもしれません。それは大きな間違いです。

ニュースを見るとわかりますが、まともなニュース番組でも悲惨な事件や事故などの報道のオンパレードです。人が何人死んだという話ばかり。そんな情報は受験生にはまったく役に立ちません。役に立たないどころか害を与えます。

脳というのはわりと単純にできていて、死↓危険↓落ちるなどと変な連想をしてしまうのです。意識しなくてもテレビをよく見ている人はそういう脳になっている。洗脳されてしまうのです。

テレビのグルメ番組などを見ていると、紹介された食べ物が無性に食べたくなったりしませんか？　洗脳されているのです。苫米地博士は「テレビは最強の洗脳装置」だと言っています。

Q15

子どもがリビングで勉強していると夫がテレビをつけてしまいます。

うちの娘は自分の部屋で勉強するのが好きではないらしく、朝早く起きて、リビング学習をしています。狭い家なのでその隣で夫が寝ており、出勤前にテレビをつけてニュース番組を見るのです。子どもの気が散るので夫にやめてもらいたいと思うのですが？

A

あえて気が散る環境で集中する訓練も大切です。

もちろん、テレビは受験生にとって邪魔なものですが、家庭によってそれぞれ事情はあるでしょう。

その子がテレビに見入っているようなら問題ですが、とくに見ていないのなら、そばでご主人がテレビを見ていてもかまいません。

お子さんがテレビの音が邪魔だと感じれば、自分の部屋に行って勉強するでしょう。あえて消す必要はないと思います。

静かな環境で勉強することが必ずしもいいことだとはかぎりません。受験本番で勝つためには、あえて気が散るようなところで集中できる訓練をすべきだと思います。

私は塾の子どもたちに「どんなところでも勉強できるようにしなさい」と言っています。

受験特訓ではあえて障害を作っています。たとえば、テスト中に突然、私が窓を開いて「あー、いい天気だな！」と大声を出したり、わざと咳払いをしたりしています。

どんな環境でも実力を発揮できなければなりません。いまのお子さんの環境は、はからずもそうした訓練になっているのではないかと思います。

受験生がいるからといって、家庭で静かな環境を作ってはいけません。家族が普通に生活している中で勉強させることが大切です。

Q16

子どもが勉強しているときに親がテレビを見るのは悪いですよね？

家に受験生がいる場合の親の生活態度についてお聞きしたいと思います。

夜など子どもが勉強しているときに、親がテレビを見ていたりするのはよくないでしょうか？

せっかく勉強している子どものやる気をそいでしまうのではないかとも思います。

勉強のできるお子さんをお持ちのご家庭には何か共通点がありますか？

逆に、これはダメという親の態度・言動はどういうものでしょうか？

A テレビが当たり前にある環境を一度変えてみませんか。

いつもテレビがついているような状態はダメですが、子どもの環境を作るためにお母さんが見たいテレビをわざわざ我慢する必要はないと思います。

ただし、**勉強のできる子の家庭の共通点は、「テレビを見ない」ということです。**

絶対にテレビを見るなとは言いませんが、何度も言うようにテレビは悪いものです。百害あって一利なしです。

家に帰ってくると、とりあえずリモコンでテレビのスイッチを入れてしまうという人も多いでしょう。テレビの音がないと、なんとなく寂しいという人も少なくありません。

でも、常にテレビがついている環境というのがデフォルトになっている家庭では、その環境をまず変えなければなりません。どこかで断ち切ることが大切です。

一度、テレビをやめてみたらいかがですか？　テレビの調子が悪くなったりしたら、あえてそのままにしておくのも手です。

お母さん方の相談や質問をいろいろ聞く機会が少なくありませんが、お母さんの口から否定的な言葉が出ることが非常に多いと感じています。そこには実はテレビの影響もあるのです。なぜでしょう？

先ほどもお話ししましたが、ニュース番組にしても人の死などネガティブな情報ばかりがあふれています。人の死ばかりを報道しているのはなぜだと思いますか？　本質的には視聴率を上げるためです。

人の死を見るのは嫌なことです。しかし、心の奥底では楽しんでいる面もあるのです。恐ろしいことですが、これは人間の本能から来ていることで、人の死に惹きつけられてしまうのです。テレビを見ることで、そういう本能がどんどん増幅されてしまいます。

一見、ハートウォーミングな演出の番組でも、テレビはすべて作られていることを忘れてはいけません。

ともかく、試しにテレビへの依存を一度断ち切ってみてください。

テレビを見なくなった子は全員が「生活が変わった」と言います。そして、家族が変わります。家族の会話が少ないのはテレビのせいですから。テレビをやめると時間は増えます。家族の会話が増えます。

家族の会話が増えると、それまで見えなかったわが子の良いところにもたくさん気づけるようになります。

そして、最終的には「成績」とか「勉強」といった言葉が家庭で出なくなります。ここまで来れば、受験への心配など何もなくなるでしょう。

Q17

中学生ですが、スマホがほしいと言っています。

娘は中学2年生ですが、**最近スマホがほしいと言っています。**
友だちが持っているから自分もほしくなったようです。
与えてもよいものでしょうか？

A スマホは危険。せめて高校生になってからにしましょう。

最近、中学生でもスマホを持つ子は増えています。連絡手段として持たせる親御さんもいますが、その場合も、まずＬＩＮＥやフェイスブックなどのＳＮＳ系をきちんとカットすることが必要です。

それから、オンラインゲームにも注意しなければなりません。**ＳＮＳやオンラインゲームは依存性が強いので、いったんはまると抜け出せなくなってしまいますから。**

しかし、そういう危険を完全に排除することはできません。

ですから、中学生にスマホを持たせるのはやめたほうがいいと思います。大人でも難しいのに、中学生が使用を自分でコントロールできるわけがありません。

連絡手段として必要だというのであれば、電話やメール機能だけの携帯電話で十分でしょう。
ともかく、スマホを与えて良いことはひとつもありません。

Q18 中学生の息子がLINEをやっているのですが？

中学1年生の息子に連絡手段としてスマホを与えているのですが、最近、**LINEをやるようになりました。**

LINE内でのいじめの話やLINEでのトラブルによる犯罪の報道などを見聞きし、不安に感じています。

LINEはやらせないほうがいいでしょうか？

A

中学生には LINEはやらせないでください。

先日ニュースになりましたが、ある私立の中高一貫校で、スマホを持つ子どもが多いので、逆にアプリなどを厳選して学校として使わせるようにする試みをしました。どうなったかわかりますか？

半年で失敗に終わりました。有害なサイトには入れないようフィルタリングをかけ、アプリも自分ではダウンロードできないようにしてありました。

しかし、子どもたちはその網をくぐり抜け、パスワードを解読して、アプリを勝手にダウンロードできる技が広まってしまいました。それで、あっという間に崩壊したそうです。これがいまの世の中なんです。

私は各校の塾の先生との連絡用にLINEを使っていますし、高校生にはLINEで塾専用教室をつくり、その仮想教室で勉強の質問などに答えています。

高校生の場合はきちんとＬＩＮＥの使い方を教えることでうまくいっています。でも、中学生だとうまくいかないでしょう。

まだ自分をコントロールできないのです。「時間を決めて使うように」と制限しても絶対にうまくいきません。

ここは親がコントロールしなければなりません。はまってしまってからでは遅いのです。

いまの世の中には子どもにとって危険な誘惑がたくさんあります。

親がしっかりとした認識をもち、危ないものには子どもを近づけないという断固とした態度を貫く必要があります。

Q19

うちの子は字が汚く、いくら言っても直りません。

うちの子は字が汚くて汚くてどうしようもありません。

自分の書いた字を自分で読めないほどです。

「ゆっくりていねいに書きなさい」といくら言っても直りません。

どうすれば字がきれいになるでしょうか?

A 字が汚いことで損をする体験を味わわせましょう。

「字をきれいに書きなさい」といくら言っても、絶対にきれいに書くようにはなりません。お子さんには「字をきれいにしよう」という意識がないからです。

では、どうしたらよいでしょうか?

字が汚いことで損をする体験をあえて味わわせましょう。汚い字のせいで試験でミスするといった体験を重ねることで、「字が汚いことは損なんだ」と認識します。

私はこれをあえてやります。意地悪だと思われるかもしれませんが、そうしなければ子どもは自分の状態がわかりません。それで認識した子は直っていきます。

すべてそうですが、誰に何を言われようと、自分自身がしっかり認識しないと行動は絶対変わらないのです。

Q20 うちの子はそそっかしく、テストでよくミスをします。

うちの子はそそっかしくて困っています。

テストでは、問題をよく読まなかったり、ちょっとしたケアレスミスをしたりして、いつも何点も損しています。

これでは、いくら勉強しても本番でミスしてしまうのではないかと心配で仕方がありません。

この性格を変えることはできないでしょうか？

A　子どもの性格を作っているのは親の言葉です。

あなたはよくお子さんに「そそっかしいわね」と言っていませんか？

子どもの性格を作っているのはお母さんやお父さんです。

「あなたはそそっかしいわね」といつも言っていると、お子さんは本当にそそっかしくなってしまうのです。これは怖いことです。

同じように**「ミスが多いよ」と親に言われ続けている子は、実際はそうでなくても、ミスが多くなります。「自分はミスが多い」と思い込んでしまうからです。**

それに、お母さんが自分の子はそそっかしいと思っていても、まわりの友だちもそう思っているとはかぎりません。

よく「あの子は学校では◯◯なんだけど、塾に来ると変わるんです」という声を聞きます。

それは、学校という環境が作っているその子と塾という環境が作っているその子は違うからです。どちらが本当の姿でしょうか？　どちらも本当の姿です。

人の性格というのは、「自分の身近にいる10人の性格」の平均値なのです。まわりの人の言動がその人の性格を形成します。

たとえば、とても勉強のできる友だちといつも接していると、その子も勉強ができるようになります。

逆に、バカと付き合っているとバカになってきます。それは考え方や行動が似てくるからです。

これは高等動物の脳内にあるミラーニューロンという細胞の働きです。ミラーニューロンとは共感細胞、あるいはモノマネ細胞とも呼ばれます。ミラーニューロンは他者の運動と自分の運動を結びつける部位です。

このミラーニューロンの働きで、私たちは他の人の行動を見ると、あたかも自分が行動しているように脳内で感じ、無意識に真似をするようになるのです。

ですから、子どもは最も身近にいる親の考え方や言葉、行動をそのままなぞるようになります。


ヒトは生まれた瞬間には脳に何の情報も持っていません。

しかし、まわりにいる大人に「かわいいね」「やさしい子ね」「そそっかしいわね」と繰り返し言われると、自分はそういう人間なんだと脳は判断します。そして、そういう情報を脳にためてしまいます。

性格は自分が作るものではありません。まわりから作られるものなのです。

これを知っておけば、自分の性格を変えることもできます。また、物事を決めつけてはいけない、ということもわかるでしょう。

塾に「自分はバカだ」と言う塾生がいました。なぜそう思うのかと聞くと、お母さんにバカと言われるからとのことでした。

自分がバカだと思うということは、身近にいる誰かにそう言われているからです。直接言われていないにしても、そういうニュアンスで言われているのでしょう。それは親かもしれないし学校の先生かもしれません。友だちかもしれません。

こういうネガティブな思い込みは、すべて身近な人が言っている言葉から作られます。

これはよく受験のときにもあります。「落ちたらどうするの？」と聞くわけです。

こういう負の会話がご家庭にはあふれているのではないかと思います。子どもにマイナスのことを言っていないか、お父さん、お母さんは胸に手を当ててよく考えてみましょう。

私はその塾生に「バカじゃないよ」と繰り返し言い続けました。その結果、その子の学力はアップしたのです。

Q21

「どうせ自分はできないから」がうちの子の口癖です。

うちの子は小学校6年生です。

性格が後ろ向きで、何事に対しても自信が持てないようで、「どうせ自分はできないから」とばかり言うんです。

なんとかこの性格を変えたいのですが？

A

マイナスの言葉をプラス言葉に変えましょう。

それは、お母さんの口癖をお子さんが言ってしまっているだけかもしれません。

お子さんを心配するあまり、何かをするときに失敗するような言葉、たとえば「本当にできるの？」「〜はしないで」「危ないんじゃないの？」といったマイナスの言葉を、よく言っているのではないですか？　そういうマイナス言葉を、一切やめることです。

できそうもないと思っても、「できるかもしれない」というイメージでお子さんを見てあげてください。

お母さんが子どものことを思って心配すると、究極的にはマイナスの言葉しか残りません。それをいかにプラスの言葉に変えていくかがポイントです。

マイナスの言葉ばかりを聞いている子は自然と後ろ向きになって、ネガティブな方向に進んでいきます。

ですから、いつもプラスの言葉をかけるように心がけましょう。

小さな子が外に出かけるときに、「走っちゃダメよ」と言うのと「歩いて行くと気持ちいいよ」と言うのでは、言っていることは同じでも、後者はプラスの言い方をしています。

こうした**言い方ひとつで子どもの性格や考え方は違ってきます**。

子どもに何かをさせたいのであれば、プラスの言葉で誘導したほうが間違いなく効果的です。

言葉がすべての人間を作っていると言っても過言ではありません。人間は言葉でできているのです。このことを肝に銘じて接すれば子どもは変わっていきます。

とくに、お子さんは小学6年生。いろいろなものを吸収する時期です。その時期にマイナスの言葉を浴びせかけないように注意してください。

Q22

リビングで20分勉強するとすぐに自分の部屋に入って出てきません。

うちの子は中学1年生です。勉強は自分の部屋ではなくリビングでしています。少しずつ勉強はしているのですが、30分も続きません。

リビングで20分も勉強すると、それでもうやった気になってしまうのか、**すぐに自分の部屋に入って出てきません。部屋でマンガでも読んでいるのかもしれませんが、何をやっているのかわからず心配です。**

部屋に入って確かめようとも思うのですが、あまり干渉しても嫌がられるかと。どうしたらいいでしょうか？

A 子ども部屋の扉は開けたままにしましょう。

勉強をリビングでするのはとても良いことです。家族の会話や洗い物の音など、適度な雑音の中で勉強することによって集中力が養われるからです。子どもが勉強している様子を親が見られるのも利点ですし、子どもの微妙な変化にも気づきやすくなります。

一方、子ども部屋は子どもの楽園です。何でも好きなことのできる空間です。でも、中学1年生ですからオープンにしておく必要があるのではないでしょうか。プライバシーというのは大人の話であって、子どもはまだ何もわかりません。

子ども部屋は快適にし過ぎないほうがいいでしょう。子ども部屋にテレビやパ

ソコンを置くのも絶対にダメです。子どもが個室に滞在する時間が長くならないようにすることが重要です。

また、他の空間とつながりのある状態にしておくことが大切です。気をつけるのは、常に子どもの気配がわかるようにすることです。

子ども部屋に鍵をつけるのは絶対にいけません。扉がないぐらいの感じのほうがいいでしょう。

少なくとも扉は常に開けたままにしておくのが基本です。そうしないと、引きこもりなど間違った方向に行く危険があります。

とくに、携帯電話やスマホを持って部屋にこもるようになるのは危ない前兆です。この点に関しては、親はうるさいぐらいに干渉しなければなりません。

Q23

うちの子は夜、遅くまで起きています。

うちは共働きで2人とも帰りが遅く、夕飯が9時すぎになってしまうこともよくあります。

娘は中学2年生なんですが、勉強を始めるのも遅くなってしまい、結果的に夜11時すぎまで起きていることになってしまいます。

単純な疑問なんですが、夜は何時ごろに寝るのがいいのでしょう?

A

一日の最後に勉強しても頭に入りません。

私の塾では起床時間と就寝時間を記した日記をつけていますが、寝る時間が遅い子は受験がうまくいかない傾向があります。

11時を過ぎても起きているような子は、どんなに勉強ができたとしても受験で失敗する場合が少なくありません。さらに、12時、1時に寝ているようでは、本番で力を出すのは難しいでしょう。

受験は午前中です。夜にいくら頭が冴えても、午前中ぼーっとしていては受験に勝てません。

また、夜遅くまで起きていることには他の問題も伴ってきます。いつまでもスマートフォンでLINEをやっているということになれば、もはや受験どころではありません。いまの子どもたちが抱える問題の半分以上は夜の時間の過ごし方にあるのではないかとさえ思います。

そもそも、夜に勉強してもほとんど頭に入ってきません。とくに、部活後にやる勉強はやっている振りだけで、身になってないと思ったほうがいいでしょう。

たとえば、**部活をやっている子は夕飯を食べて、テレビを1時間ぐらい観てしまったらそれでその日はおしまいです。そのあとに勉強させないでください。まったく無駄だからです。**

多くの学習塾がありますが、ほとんどの塾では夜遅くまで勉強させます。ここに私は引っかかっています。

私の塾でも以前は9時半、10時までやっていました。しかし、それは子どもには罪だと思うようになりました。

しっかり勉強している子はとくに9時すぎると集中できなくなり、ほとんど勉強にならないのです。

夜9時ごろになると顔が眠そうになってきます。でも、子どもはそれが当たり前だと思います。夜9時になっても眠くならない子は朝や昼間に怠けているということです。

夜10時、11時になってギラギラしてくる子もいます。そういう子は、翌日はぎりぎりまで寝ていて朝ごはんもろくに食べずに学校へ行く。そういう生活をしている子を見ると、将来が心配になります。

とにかく夜は意識的に早く寝かせてあげることが大切です。**早ければ早いほどいいでしょう。少なくとも10時台には寝るようにしたいものです。**

ここにはほんの少しだけ、お父さん、お母さんの協力が必要になります。家族全体の夜の時間帯をできるだけ前倒しするように努力してください。

ただし、早く寝て、遅く起きるようではまったく意味がありません。

睡眠時間は8時間が目安です。8時間以上は寝すぎです。

前日に8時間以上寝た子は、次の日に会うとすぐにわかります。なんとなく、ボーッとした感じになるからです。

床についた時間から6〜7時間足した時間に起きるようにします。10時台に寝れば、朝5時には起きられます。そこから勉強すれば能率がぐっと上がります。

第2章

子どもの成績がみるみる上がる「非常識」なアドバイス

「朝勉」をすると、なぜ成績が簡単に上がるのか？

■勉強を歯みがきのように「習慣」にする

成績を上げるためにいちばん必要なことは何だかわかりますか？

それは、生活習慣をきちんとすることです。学力はただ勉強していれば上がるというものではありません。

とくに受験生の親は勉強のことばかりが気になります。そのため、子どもの生活管理にはなかなか目が向きません。

でも、**不思議なことなのですが、生活習慣がきちんとすれば、「勉強しなさい」などと口うるさく言わなくても、子どもは自然と勉強をするようになっていくものなのです。**

生活習慣の中でもとくに重要なのが「寝起きの時間」です。

経験上、成績の伸びない子どもの8割は寝起きの時間に問題があります。

ごく当たり前のことですが、早寝早起きを徹底することが成績アップへの必要条件です。

とくに重要なのは早起きです。志望校に合格したいのなら、とにかく早起きをするように生活習慣を変えていくことです。

さて、あなたのお子さんは「勉強」をどんなイメージでとらえているでしょうか？

「嫌なもの」「無理矢理やらされている」「面倒くさい」というように考えてはいないでしょうか。

そう感じているうちは、成績はあまり伸びません。

実は、成績が上がっていく人は、勉強を苦しいものとは思っていません。勉強はべつに特別なことではなく、当たり前の生活習慣の一部になっているのです。

顔を洗い、歯をみがくように、勉強を生活習慣の一部として定着させること。

これが成績アップへの近道です。

朝起きて、「今日は顔を洗わなくていいや」とか「面倒だから歯みがきはやめておこう」と思う人はほとんどいないと思います。それは癖になっているからです。

同じように、勉強が生活習慣の一つになっている子どもは、「今日はしなくていいや」というふうにはなりません。

机に向かうまでに「よし、やるぞ！」と一大決心する必要もなく、いつもの予定の時間になるとごく自然に気負うこともなく勉強を始めるようになるのです。

勉強には継続が必要です。そのために必要なのは鉄の意志ではありません。努力でもありません。勉強を「習慣」にすることです。

この「習慣」と「継続」によって子どもたちの成績を上げていくのです。

「習慣は努力に勝る」――これが塾のテーマです。

世の中の多くの人が「努力」という言葉を理想のものとして好んで使います。

でも、私はこの努力という言葉をいまではもうほとんど使いません。どうせできないからです。

大人でもそうなのですから、子どもは基本的に努力などできません。努力というのは、いままでの自分にはない特別な環境を新しく取り入れることです。そのことに対して人間は拒否反応を示します。それが当然なのです。

人間は現状をなかなか変えることのできない生き物です。それが人間の本能だからです。

勉強には、努力という特別な力は必要ありません。努力には至らないほどの小さなことを習慣として普通に続ければいいのです。

毎日、歯をみがくように自然に勉強できるようにするには、自分の時間割を作り、決まった時間に勉強することがコツです。

そして、**勉強を習慣化するのに最も適した時間帯があります。それは「早朝」（5時〜7時）です。**朝の勉強＝「朝勉」をルーチンワークにすることで、お子さんの成績は確実に上がっていくはずです。

朝の勉強は夜の2倍の成果がある

では、なぜ「朝勉」がいいのでしょうか？

朝起きたときというのは、睡眠をとった直後で頭が新鮮な状態にあります。人間の脳は睡眠中に、前日学んだことや経験したことを整理整頓します。コンピュータがデータを最適化するようなものです。

ですから、朝起きたときには記憶を管理するメモリの働きをする海馬という部位に空き容量ができています。

そこにはその日のことがまだ何もインプットされていません。そのため、**朝に勉強したことは砂が水を吸収するように抵抗なく脳内に入っていきます。**

では、夜の勉強はどうでしょうか？　その日一日の体験や見たり聞いたりしたこと、学んだことなどが未整理のまま海馬につめこまれており、脳のメモリは満杯です。その状態で勉強しても、頭にほとんど入りません。

夜遅くまで勉強するのが受験生の常識と思っている人もいるかもしれませんが、それは大きな誤解です。実際には、志望校に合格する子どもの多くが朝の勉強を習慣化しています。

実は、朝の勉強は夜のざっと2倍に相当する集中力と習得率があります。朝3時間勉強すれば夜の6時間分の内容に匹敵します。すさまじいほどの効率の高さだと思いませんか？

勉強は時間の長さが問題ではありません。一定時間内に、どれだけの情報を脳に吸収できるかです。

同じ時間勉強するなら、絶対に朝のほうがお得です。この朝の頭脳パワーを受験勉強に活用しない手はありません。

朝は勉強のゴールデンタイムなのです。

現在、「朝勉」を日本全国に広めるためにインターネットで、朝5時から生放

送を行っています。通常50～70人の子どもたちが参加し、受験が近くなると参加者は100人を超えます。

この授業の様子は河原塾のホームページのKJチャンネルで無料塾として配信しています（毎朝5時～7時30分）。ここでは苫米地博士提供の脳機能音源が流れており、これを聞きながら朝勉をすることで集中力がさらにアップします。

どなたでも視聴できますので、このネット塾を利用して登校前に1～2時間の勉強をすることを習慣にしてもいいかと思います。

朝勉を1時間やれば夜の勉強2時間をやらなくてもいい。これは子どもにとってとてもプラスです。

塾をやっていてこんなことを言うのもなんですが、夜に勉強をしてもまず頭に入りません。

夜の勉強は無駄です。とくに、部活をやっている子は夜にはへとへとに疲れています。その状態でやる勉強はやっているほとんどが身になっていません。

朝5時から勉強するためには、前日は遅くとも夜10時台には寝ないと6〜7時間の睡眠が確保できません。**私は塾生に対して、基本的に夜は9時すぎたら勉強しないように話しています。**

朝の勉強がどれほど能率的かということを知らない人も少なくありません。早起きして、すがすがしい気持ちで机に向かうことで勉強の効率は大きくアップします。

繰り返します。**「朝勉」はすべての基本です。**

「早起きして勉強すること」を歯みがきと同じように習慣にしましょう。

歯みがきをしないと気持ちが悪いでしょう? それと同じです。「朝勉」が習慣になれば、やらないと気持ちが悪い。こうなればしめたものです。

Q24

うちの子は朝、私が起こさないと自分では起きてきません。

うちの子は高校1年生です。最近、朝起きるのが遅くて困っています。受験ということがまだピンと来ていない、というのもあるのかもしれませんが、毎日なかなか起きてきません。

一応、**目覚ましをかけて寝るのですが、鳴っても止めていつまでも寝ているのです。**それがわかっているので、目覚ましが鳴ったら部屋に起こしに行って、「ベッドから降りなさい」とちゃんと起きるのを見届けようと思うのですが、「わかったから、あっちに行け」と言ってまた二度寝してしまう。その繰り返しで毎朝1時間も費やしています。

なんとかしたいのですが、**朝からあまりうるさく言いすぎると逆ギレする**し、それに対してこちらもまた文句を言うと朝から雰囲気が悪くなってしまうので、つい「今日は仕方ないか」と。それでいつまでたっても寝坊が直りません。

A 「いつまでも寝ているのは損」と自覚させましょう。

生活習慣でも何でもそうですが、子どもの行動を変えて継続させるためにいちばん効果的なのは、「それをやらないと損しているんだ」と本人に思わせることです。損得で考えさせることが子どもにはいちばん効くのです。

ただ漠然と「朝早く起きて勉強するのがいい」と言っても子どもはわかりません。

早く起きて勉強することに対して優越感というか、「他の人よりも自分はちゃんとしてる」「得してる」という気持ちが得られれば、それが自分の軸になっていきます。

そこまで行けば自発的に早く起きます。それまでは、**朝いつまでも寝ているこ**

とは、「得がたい貴重な時間を捨ててしまっていることと同じ」だと伝える必要があります。

たとえば、高校生の1時間の時給っていくらだか知ってますか？　なんと、3万円だそうです。

大学に進学する人としない人の生涯賃金などを比較して計算した人がいるのです。その結果、高校生の1時間は時給にして3万円だとはじき出されたそうです。

これは一例ですが、「1時間勉強しないと3万円損している」と数字にして話してあげるのもいいでしょう。

ポイントは「朝いつまでも寝ているのは損だ」ということをさらっと伝えることです。頭ごなしに厳しい言い方をするのは逆効果です。

「ああ、もったいないことをしてるね」と明るく言うことです。子どもはそれだけでドキッとします。

それで十分。ボディーブローのように本人にじわじわと効いてくるような言い方をしましょう。

そもそも、**子どもは朝起きないのは当たり前です。自分でパッと起きてくる子のほうが珍しいくらいです。とくに中学生、高校生というのはいちばん眠い時期です。子どもは起こしてあげないと起きません。**

早起きがよいという意味さえわかっていません。

小さな子に歯みがきを教えるのと同じです。放っておいたら歯みがきをするようにはなりません。

なぜ、歯みがきしなければならないかはわからないけれど、「虫歯にならないように、みがこうね」と言って歯ブラシを渡し、毎日みがいているうちに習慣になります。

子どもはまだ早起きの練習をしているのです。親が起こすのは当然です。寝坊するからといって、お父さん、お母さんが悩むようなことではありません。

自分が子どもの頃のことを考えてみてください。誰にも起こされずに、自主的に毎日パッと起きられましたか？

おそらく、そういう人のほうが少ないと思います。あなたのお子さんも同じです。**笑って明るくたたき起こしてください。「なんで起きないの！」と怒ってはダメです。**

私が常々言っているのは「朝、起きてしまえば、それだけで考え方も行動も変わる」ということです。

朝早く起きるという単純な行動が、勉強をやる気を起こさせるし、生活態度も改まります。お母さんのお手伝いをよくするようになった、という子も少なくありません。何よりも、自分の行動を自分で把握できるようになります。

早起きの習慣がつくと、30分寝過ごしただけで「どうしよう。もったいないことしちゃった。取り戻さなきゃ！」という気持ちになります。こうなれば自然と勉強するようになります。

Q25

うちの子は起こさないと9時間でも10時間でも寝ています。

高校2年生の男の子ですが、とにかく朝起きないので困っています。**休みの日など、私が起こさないとまったく起きません。平気で9時間でも10時間でも寝ています。**昼近くなってようやく起きてきたと思ったら、お昼を食べてまた寝てしまうこともあります。

休みの日は普段の勉強の遅れを取り戻すのに絶好の機会のはずなのに、勉強なんかどこ吹く風で寝てばかり。

しかも、さんざん寝たのに、休みの翌日には朝起きられずに遅刻する始末です。

どうすればよいのでしょうか。

A 8時間以上眠るのはよくありません。

9時間、10時間は明らかに寝すぎですね。8時間以上眠るのはよくありません。

6〜7時間で十分です。部活で疲れていても7時間半も眠れば回復するでしょう。

8時間以上眠ると寝すぎで昼間にぼっーとしてしまいます。これもテレビ同様、脳細胞を溶かしてしまいます。

適切な睡眠は子どもにとってとても大切です。難しいことですが、**睡眠不足も寝すぎもダメです。**

睡眠時間は6〜7時間と適切でも、遅い時間に就寝することも頭と体によくありません。

夜は10時ごろには寝て、それから6～7時間後の朝5時に起きて勉強しましょう。**朝勉は得だということをお子さんに教えてあげてください。**

「**朝勉強すると得するよ**」。**これがキーワードです。**昔から「早起きは三文の得」と言います。いまの時代でいうなら「早起きは3億の得」でしょうか。

実際、ビッグビジネスを成功させるような有名社長たちはみな、夜は早く寝て朝は早く起きています。私は塾でそういう話をよくしています。

「君たちの持っているiPhoneを作ったアップルのスティーブ・ジョブズは朝4時半に起きていたそうだよ。あの斬新な発想はすべて朝に生まれたんだ」と。


また「朝起きて勉強すれば、夜は勉強しなくてもいい」とも言っています。**実際に、夜勉はまったくせず、朝勉だけで第一志望の高校に入学した子もいます。**

逆に、朝勉しないのであれば、受験生は夜に2倍の勉強をするしかありません。これはお子さんにはっきり言うようにしましょう。

それで、**夜4時間勉強するか、朝2時間にするか、どちらかを選ばせるのです。**

休みの日であれば、午前中は3〜5時間勉強させます。昼食後は昼寝をします。受験生なのに昼寝つきです。考えられないでしょう。これも朝勉をしているから可能なのです。

私の塾に通っている子どもたちは堂々と昼寝をしています。それは午前中にしっかり勉強をしたという充実感があるからです。

お母さん、「勉強しなさい」というセリフを「早起きしなさい」に変えてください。朝きちんと起きるようになれば、お子さんの行動は劇的に変わります。

Q26 うちの子は朝が弱いのですが？

中学2年生の女の子ですが、うちの子はとにかく朝がすごく弱いのです。夜は早めに寝るのですが、朝なかなか起きられません。目覚まし時計をかけて寝るのですが、鳴ると無意識に止めてしまうのです。「目覚まし、鳴ってたでしょう」と言うと、「聞こえなかった」と。

自分が子どものときは一切そういうことはなかったので、目覚ましが鳴っても起きられないということが理解できないのです。だから、そんな娘を見るとイライラしてしまいます。

挙句の果てには、私の起こし方が嫌だと言い出す始末です。一体どうすればいいのか。

こんなに朝が弱いのでは、受験にもさしつかえるのではないかと心配です。どうすればよいでしょうか？　アドバイスをお願いします。

A 「朝が弱い」というのはお母さんの思い込みでは？

目覚ましが鳴っても聞こえないという子は、私の塾にも数限りなくいました。でも、朝勉をするようになってからは全員、朝早く起きられるようになりました。

「朝が弱い」というのは気のせいです。お母さんがお子さんに植えつけた思い込みにすぎません。

「私は朝が弱い」というある種の暗示にかかっているのです。

もしかしたら、**「うちの子は朝が弱くて……」という言葉をお母さんやお父さんが、おっしゃっているのではないですか？**

本来、朝が弱い子というのはいません。とくに、夜は早く寝ているのであれば5時半くらいには起きられるはずです。朝が弱いという思い込みから、朝起きられないことが習慣化してしまっているのではないかと思います。

そもそも人間という生き物は、太古の昔から朝早く目覚めて活動を始めるものです。そのようにプログラミングされているのです。お子さんにもそう言ってあげてください。

受験のために最も大切なこと。それは早起きです。極端に言えば、もうこれしかありません。

早起きに慣れていない子にとって、朝早く起きるのは最初はきついかもしれません。

でも、小さな子の歯みがきと同じで、続けているうちに苦ではなくなってきます。

そして、早起きが習慣になれば、一日の中での自分のやるべきことが自然とわかってくるのです。ですから、私はすべての土台は生活習慣だと考えています。

そもそも高校も大学も受験は午前中です。オリンピック選手が試合の時間に合わせて何日も前から調整するように、受験生は午前中の脳の回転がピークになるように準備しておかなければなりません。

ただし、「早起きをしなければならない」という義務感からは行動は変わらないと思います。**「早起きすることが自分の利益になる」と納得すれば、自然と起きられるようになるでしょう。**

これはお子さんとの根くらべです。ただし、「どうして起きられないの！」と感情を露わにして怒るのはやめてください。

何でもそうなのですが、子どもに何かを言わなければならないときは、怒るのではなく、自分の感情を抑えて明るく笑って伝えるのです。

これはとても大切なことです。怒りからプラスが生まれることは決してありません。

Q27

男の子なのですが、朝起きなくて困っています。

中学3年生の男の子です。朝起きなくて困っています。共働きなので私も主人も朝は早く、5時には2人とも起きています。

息子は、夜は勉強もせずにとっとと早く寝てしまいます。「明日の朝、勉強するから5時半に起こしてね」と言って寝るのですが、起こしても起きたためしがありません。「あと、ちょっと」と、学校に行く7時ぎりぎりになってようやく起きてくるのです。

おまけに昼寝もしています。学校から帰ってくるとすぐ寝てしまうようで、私が夕方仕事から帰ってくると寝ています。「寝過ぎでしょう」と言うと、「いくらでも寝られる」と。

結局、勉強から逃げているだけだと思うのです。自分の経験からも思い当たるのですが、本人はわかっているけれどやりたくない。だから逃げているのでしょう。

どうすれば時間を無駄なく使って勉強してくれるようになるのかと悩んでいます。

A　添い寝して起こせば驚いて飛び起きます。

完全に寝すぎていますね。それだけ寝るのが習慣になってしまっているのです。どんどんたたき起こしてください。蹴飛ばしてもいいです。これは毎回言うのですが、笑って明るくたたき起こしてください。

お母さんは、生活習慣に関しては徹底的に口を挟んでください。

でも、怒って起こすのはやめましょう。

自分でも気分が悪くなり、一日が台無しになってしまいます。

なかなか起きない男の子を一発で起こす秘策があります。**お母さんがお子さんの布団に添い寝して、耳元で「○○くん、おっきしようね」とささやいてみてください。中学生、高校生の男子です。9割のお子さんは驚いて飛び起きます。**

ただし、女の子には効きません（笑）。

Q28

子どもが勉強をさぼっているとき、どう声をかければいいですか？

息子は中学1年生です。

以前は息子に「勉強しろ、勉強しろ」としつこいぐらいに言っていました。それで親のほうが疲れてしまうという状況でした。

でも、塾の先生に「勉強しなさい」と言ってはいけないとアドバイスされ、家庭環境を整えることに心を砕き、ようやく自分から進んで勉強するようになりました。それで、私も妻も楽な気持ちでいられるようになりました。

ところが、ほっとしたのもつかの間、また最近ときどき**勉強をさぼるようになってしまったのです。また、毎日のように「勉強しろ」と言わなければならないのかと考えると暗澹《あんたん》たる気持ちになります。**

子どもがさぼっているときは、どのように声をかければいいのでしょうか？

A

勉強しないのは損だと気づかせてあげましょう。

さぼっているときの声かけは、たしかにどこまで言っていいのか難しいところです。

勉強しない状態が顕著に目立つときは「どうしたんだ？」と声をかけるべきです。ただし、叱るのは厳禁です。

まず、勉強しない理由を聞き出すようにします。

その理由が理にかなっているのであれば、いったんは「そうなのか」と受け止め、その上で「でも、あなたらしくないね」と語りかけます。ここで言いすぎると、お子さんは壁を作ってしまいます。

前にもお話ししましたが、こういう場合も基本的に、勉強しないのは損だということを気づかせることが大切です。

「今日はできなかったけど、また明日からやってみようか」と軽い感じで言ってあげましょう。

年齢的に自我が芽生えて親に反発する時期なので、子どもが壁を作らないように気をつけながら、自ら考えて行動を変えるように仕向けてください。

Q29

子どもに声かけをすると「わかってる」「うるさい」「いまやるところ」と言われます。

娘は中学3年生になったばかり。最近、学習意欲は少しずつ増してきていると思います。

このまま娘のやる気を後押ししたいのですが、**少しだれてきたときにやる気を引き出す声のかけ方を教えてほしいです。**

なかなか勉強しないときに「もうこんな時間よ」とか、朝起きられないときに「寝てるの？　もったいないよ」と声をかけると、「わかってる！」「うるさい！」「いまやるところ！」と言い返されてしまいます。

どのように声かけをすればいいのでしょうか？

A　思っていることの半分くらいを言うのがいいでしょう。

そう言いたくなる娘さんの気持ちもわかります。「やらなきゃ」ということを本人は十分わかっているのですから。

でも、ここで何も言わないと、そのままになってしまいます。ある程度は言ってあげていいと思います。

まず、声かけは明るく、というのが基本です。

そして、思っていることの半分くらいを言うのがちょうどいいでしょう。

とくに、お母さんはついつい自分の思っていることの2倍言ってしまいがちですね。よけいなことまで言って、お子さんの反発を招く。思い当たるところがあると思います。

子どもは勉強しなければならないことをわかっているので、ちょっとした取っ掛かりさえ与えてあげれば行動します。

Q30 部活があって なかなか勉強ができないのですが？

娘は陸上部で、高校3年生なのですが、まだ部活を続けています。最後の大会が終わって普通は3年生は引退するのですが、娘は10月の駅伝大会にも出ると張り切っています。

娘のそういう気持ちを私は理解していますし、評価もしています。でも、この時期に**部活を続けていて、はたして受験に間に合うのか心配です。**

本人にはやりたい夢があり、それを実現するための大学を目指しているのですが、走ることとの両立に少し自信をなくしているのか、最近はモチベーションが下がってきているようです。

親としてはあくまでも理想を高く掲げて頑張ってほしいのですが……。

A 部活を勉強しない言い訳にさせないでください。

そういう状態で部活をやめたとしても解決にはならないと思います。

どこを目指すかは本人次第です。**「部活をやめて目指す大学に入るために頑張れ」ということになると、よけいに頑張れなくなってしまうかもしれません。**このへんのさじ加減は難しいところです。

たしかに、部活で時間をとられて勉強ができないという子は多いのですが、そこは工夫次第です。

部活をやっていた子が、引退して部活をやめれば勉強に集中できるかというと必ずしもそうでもありません。

逆に時間を持て余して、ぼーっとして過ごしてしまったりします。

部活をやっていたときのほうがよかった、というケースもあります。そういう意味では、部活で運動していた子は、引退してからも適度に運動させるのもいいと思います。

厳しいかもしれませんが、私は部活をやっている子はだらしないと言っています。私の言葉がよほど意外に聞こえるのか「なぜですか」と、聞かれることもあります。

でも実際、部活を理由に勉強しない子が少なくありません。部活を言い訳に使って、勉強から逃げているんですね。

そういう考え方を身につけてしまうと、「部活があるからしょうがない」と勉強できないことを正当化するようになります。

部活があればそれだけ時間をとられますし、運動部であれば体力的にもきついですから、勉強ができません。もちろん厳しいです。

でも、その時間を取り戻そうという気持ちがあれば大丈夫です。

部活のために勉強ができないことを自覚して、自ら時間を作れる子ならしっかり勉強して合格します。

部活をやっている子にはそれだけの責任があります。

では、どうすればいいか？

そのぶん早く起きるようにするのです。朝5時に起きて1時間でも勉強する時間を確保しましょう。その1時間は夜の勉強の2時間分になりますから。

部活から帰ってきたら、夕方にも1時間でも勉強して塾へ行く。帰ってきたら、夜は早く寝て、また翌朝勉強する。そういうサイクルを身につけさせてください。

Q31 中2の子どもは部活で疲れてまったく勉強しません。

中学2年生ですが、部活でテニスをやっています。県でもトップレベルの強豪校で、朝練などでかなり時間をとられます。

部活を終えて帰ってくると、かなり疲れていて、まったく勉強しません。もちろん、成績は悪いです。

部活を続けながら、勉強も進めるよい方法はありませんか？

A どうすれば時間を作れるか子どもに答えを出させましょう。

部活と勉強については何度も言ってきましたが、理由はなんであれ勉強しないことには変わりありません。**部活でも遊びでも、勉強をしない時間ということでは同じなのです。**

部活をしていなくても、勉強する気のない子は時間があっても勉強しません。**勉強しないのは部活のせいではありません。自分のせいなのです。部活を逃げ道にして勉強しない子には、「部活をしているから」「疲れているから」と勉強をしない理由をつけさせないようにすることが大事です。**

時間のない中でどうすれば勉強できるかを自分で考えさせてください。**子どもの答えを引き出すように、「じゃあ、どうすればいいと思う？」と尋ね**

ましょう。そこから答えが見えてきます。

「こうしなさい」と親が押し付けるのではなく、子ども本人に選択させ決めさせることが重要です。そして、自分の決めたことをしっかり守らせるのです。

だいたい皆さん、一方的に子どもに言葉を浴びせかけて、相手の心の扉を閉じさせてしまいがちです。そうではなく、子どもから答えを引き出すようにするのです。

これは人材開発の技法の一つである「コーチング」の本質的な手法です。

コーチングは、対話によって相手の自己実現や目標達成を図る技術です。

相手の話をよく聞き、感じたことを踏まえて質問することで、自発的な行動を促します。

これは、子どもの行動を変える際にも有効な方法であり、子育ての基本でもあります。

答えは常に相手の中にあります。

相手がどう思うかを聞きながら話すことで、答えを引き出し、気づきを促すのです。

子ども自身がその気にならないかぎり、絶対に勉強を始めません。

Q32 好きな教科は頑張るのですが、嫌いな教科はまったく勉強しません。

うちの子は高校1年生。英語は好きでよく勉強しているのですが、**嫌いな数学は捨ててしまっているのか全然勉強しないのです。**

苦手な教科を克服しないと受験もおぼつかないと思うので、なんとか勉強させたいのです。どうすればいいでしょうか？

A 好きな教科と嫌いな教科を小刻みに交代して勉強しましょう。

たしかに、嫌いな教科があると、やる気はどんどん損なわれていってしまいます。だから、なんとかしてやらせるようにしなければなりません。

でも、嫌いな教科は避けて、好きな教科ばかり勉強するというのは普通です。ある程度は仕方のないことです。

では、嫌いな教科も勉強するようになるのは無理なのでしょうか？

そんなことはありません。コツを一つお話ししましょう。

お勧めしたいのは、好きな教科と嫌いな教科を小刻みに交代して繰り返す勉強法です。これを私は「短時間勉強法」と呼んでいます。

英語が好きで数学が嫌いなのであれば、まず英語の勉強を15分程度します。

好きな教科なのでそのまま続けたいと思いますが、やりたくてもそこで中断します。

そして、**嫌いな数学に移って15分勉強します。そしてまた英語に戻ります。これを繰り返していきます。**

最初は少し面倒だと思うかもしれませんが、こうした勉強の仕方をすることで嫌いな教科も勉強するモチベーションを維持できます。

嫌いな教科を無理に長時間勉強させるのは逆効果です。ますますその科目が嫌いになってしまいます。苦手な教科を無理に勉強させてもやる気がなくなるだけです。

そこで、得意な教科を伸ばして、できない教科は捨てるという方法もあります。

数学は学年で1番、国語はビリという子がいました。極端です。

私は「国語はやめていい」と言いました。

国語がそこまでできないことにその子は非常に悩んでいます。できないから、ますます勉強したくなくて避けてしまっています。

この例は極端ですが、苦手な教科をまったく受け付けないという子もいるのです。

これは程度にもよるのですが、**嫌いな教科を無理にやらせるよりは好きな教科をさらに伸ばしたほうが何倍も得策**だと思います。

そして、5教科のうちどうしても苦手な教科が1つあったら、残りの4教科で何点くらい取ることができるかを計算させるのです。

まんべんなく勉強させたいと思う親御さんは多いのですが、子どもにやる気を出させるためにいちばん大切なのは、まず得意な教科を作ってそれを伸ばすことです。

1つの教科に自信が持てると、他の教科に対してもやる気が生まれることが少なくありません。

まずは、好きな教科に焦点を当てましょう。

Q33

娘は好きなアイドルが出演しているテレビを見るのを我慢し、それがストレスになっているようです。

うちの娘はジャニーズの◯◯が大好きです。

中学3年で来年受験ということもあり、勉強のためにテレビはなるべく見ないようにしています。

本当は好きなアイドルが出演しているテレビの歌番組やドラマなどを全部見たいぐらいなのに、勉強できなくなるので我慢しているようです。

ところが、それがストレスになっているのかいつもイライラしていて、勉強が思うように進みません。

でも、テレビを見せてしまうと、勉強する時間がなくなるし、どうすればいいのか困っています。

A 録画していつでも見られると思えば気が晴れます。

答えは簡単です。見たい番組をすべてビデオに録画すればいいのです。

同じようなお子さんがいました。やはり女の子で、その子は流行りのドラマが大好きでした。

でも、ドラマのある時間帯は勉強しなければいけません。

それで、その子は見たいドラマをすべて録画しました。そうして、録画がずいぶんたまった頃、お母さんが間違えて録画を全部消してしまったのです。

お母さんは娘に怒られるかと戦々恐々としていたのですが、その子はまったく平気だったそうです。「見たい！」というモードが過ぎていたのでしょう。

つまり、こういうことです。**見たい番組を録画して、「いつでも見られる」と思うと、それだけで気が晴れるのです。**

それで思い出したのが、私が禁煙したときの話です。

前にもお話ししましたが、車を運転しているときにガス室のように煙が充満している対向車を見てタバコをやめようと思ったのですが、私は禁煙してもタバコは捨てなかったのです。

家に置いておいて、いつでも吸えるという状態にしておいたんです。でも、タバコが目の前にあっても吸おうとは思いませんでした。


これと同じです。録画しておけば見る気になればいつでも見れる。そのあとに実際にすべて見るかどうかはわかりませんが、おそらく時間が経てば「見たい」という強い思いは薄れてしまうと思います。興味もいろいろ移る年頃ですし。

高校に合格したらコンサートにだって行けます。そう言ってワクワクさせてあげるのもいいでしょう。それが励みになると思います。

Q34

母親として子どもの成績アップのためにできることはないですか？

中学3年の男の子です。

最近、「勉強しなさい」という言葉をやめ、子どもを見守ることを心がけるようになりました。

でも、何か他にもっとできることはないのかなと考えます。

子どもの成績アップのために母親としてどんなサポートができるのでしょうか？

A 生活習慣をきちんとさせる。それがすべての始まりです。

繰り返しますが、成績を上げるために必要なのはまず基本的な生活習慣を正すことです。

とくに受験生の親御さんはここを誤解していることが少なくありません。**勉強優先で、日々の生活習慣にはとりあえず目をつぶってしまう。逆です。生活習慣をきちんとすることで子どもは自ら勉強するようになるのです。**

ですから、お母さんにまずやってほしいのは、子どもの生活習慣をきちんとさせること、テレビやスマホなど不要な情報をカットして、勉強できる家庭環境を作ってあげることです。

そして、もう一つ大切なのが「食事」です。**勉強のできる子は例外なく、きち**

んと食事をしています。

最近、私が危機感を抱いているのは子どもたちが体に悪いものを食べ過ぎることです。

たとえば、「菓子パン」です。朝ごはんや昼ごはんに菓子パンを食べる子がとても多い。菓子パンはその名のとおりお菓子です。

お菓子は脳のエネルギー源にはなりません。それに、体にとても悪い白砂糖を使っています。白砂糖は化学物質です。栄養どころか体の不調を引き起こすもとになっています。

白砂糖や添加物などの化学物質はコンビニの加工食品などに多く含まれています。

これらをまったく食べないのも難しいと思いますが、3食そういうものを食べるのはさすがにまずいと思います。

やはり、**食事はきちんとご飯を食べさせてください。ガソリンを入れないと車が動かないのと同じように、体に栄養を与えないと学習などできません。**

オススメはやはり質素な昔ながらの和食です。

朝は忙しいので大変だとは思いますが、朝はご飯と味噌汁を基本にしてあげてはいかがでしょうか。

それから、**お母さんには「早起きの習慣づけ」と「笑顔」をお願いします。**

この2つがあれば受験は大丈夫です。

第3章

子どもの進路や将来をどう考えればいい？

Q35

志望校はどういうポイントで選べばよいですか？

中学3年の女の子なんですが、高校受験で悩んでいます。どの高校に行きたいのかを聞いたところ、どういう基準で選んでいいのかわからないとのことです。「ママだったらどういう高校を選ぶ？」と聞かれて、「制服のカワイイ学校がいいんじゃない」と言ったら、〈ああ、もうダメだこの親〉と思ったのか、それ以来聞いてこなくなりました。

偏差値の問題もありますが、精一杯自分で頑張って偏差値の高い高校を目指すべきなのか、学校の雰囲気などで選べばいいのか私も迷っています。

志望校はどういうポイントで考えればよいのでしょうか？

A お子さんにあえて高望みさせましょう。

高校を選ぶときに、校風や学校の特徴などを気にする親御さんはとても多いのですが、**校風などで志望校を選ぶのは意味がありません。**

校風というのはいっときのことで、年月が経てば変わってしまいます。教師も変わっていきます。あまりそういうところにこだわらないほうが、いいでしょう。

それよりも、自分を高めるために一生懸命勉強することが先です。

中学生なら3年の秋に決めればいいでしょう。

その頃になると、自分の偏差値などからどのへんの高校に行けるかがわかってきます。

だから、それまでは逆に決めないほうがいいと思います。

人間というのは不思議なもので、「あなたは偏差値55の学校まで行けますよ」と言われると、55までしか行きません。

つまり、偏差値55の高校を目指していたら、55以上は伸びないのです。自分の可能性を自分で決めてしまうわけです。


ですから、**とくに親が決めつけないほうがいいのです。現在の偏差値が55でも、「もっと高いレベルの高校に行けるわよ」と言えば、いま以上に伸びる可能性が大きくなります。**

親に言われたことを子どもはそのまま受け取り、思い込んでしまうという面があります。

自分の目指す高校をだいたい決めておきたいという気持ちはわかります。目標を定めれば、そこに向かって頑張れると思うのでしょう。

しかし、人間は日々変わっていきます。とくに子どもはその変化が早いのです。勉強を続けていると知らないうちに力がついて、以前の自分とは違う世界に移っているということがよくあります。

そうなると、**かつての自分が設定した目標は逆に足かせになります。だから、決めつけないほうがいいのです。**

とにかく、いまの時期は自分のために勉強をするということ、勉強することで得をしていることをわからせることです。それでどのレベルまで伸びるかを見ていてあげてください。

子どもにはあえて高望みさせるべきです。

偏差値の高い学校に入れたとして入学してから勉強についていけるかという心配をする親御さんも多いのですが、そういう心配は無用です。

ぎりぎりで入った子が1年後には真ん中ぐらいの成績になることもありますし、上位に行くことだってあるのです。

不思議なもので、その場に入ってしまうと、またその環境で子どもは変化していくのです。

逆に、**入れる高校のレベルを下げて、入ってからトップでいたほうがいいと考える親御さんもよくいます。**

ところが、そういう子はトップでいられない可能性が高い。**レベルを下げた時点で、自分を高めようというモチベーションを保つのが難しくなってしまうからです。**

つまり、ぶら下がってでもレベルの高いところにいたほうが、自分を高めることができるのです。

ただ、**入学して自分がビリのほうにいると、マイナスの感情が出てきます。そこではまわりのケアが必要になります。**

そういう問題もありますが、私は、できるだけ上のレベルを目指すべきだと思います。

Q36

いま志望している大学がE判定なのですがどうすればいいでしょうか？

高校3年の女子です。文系で観光学科を志望しています。志望大学の選び方のアドバイスをいただければありがたいです。

ただ、**模試ではいまE判定です。**

最終的に、どの程度上を狙ってもいいのでしょうか。

A

やりたいことのできる大学を目指してください。

大学の選び方は高校とは違って、好きなことをできる学校を選べばいいと思います。

どんな大学でもいい。自分がわくわくすること、やりたいことができる大学を選ぶべきです。

ネームバリューで大学を選ぶのはダメです。入学して勉強しなくなりますし、下手をすると大学をやめてしまい、別の大学に入り直す場合もあります。

そもそも名前で大学を選ぶ時代ではありません。

好きな勉強、研究ができる大学に入学するのが本人にとっていちばんの幸せです。

どんな大学でも、トップの専門領域には素晴らしいものがあります。

私の塾にも高校3年生で観光学科を志望している子がいます。その子は世界遺産が大好きなのです。そういう自分がわくわくできる道を目指しています。

やりたいことがないという子も多いでしょう。

でも、できれば大学進学を考えるときにある程度は自分のやりたい道を定めたほうがいいと思います。


模試でE判定とのことですが、E判定でも合格する人はたくさんいます。

問題は本気でその大学に行く気があるかどうかです。

本当に行きたいと思えばぎりぎりまで本気で勉強するでしょう。


それに、これも高校受験と違って、大学は受験日もばらばらなので、いろいろな学校を受けることができます。

ぜひ上のレベルを狙って、いろいろな大学を受けてください。

大学受験には大どんでん返しもありますから。

Q37

教師に三者面談で「こんな高校受けるの？　落ちたらどうするの？」と言われました。

中学2年生の男子です。本人には行きたい高校があるのですが、まだ学力が足りず、このままでは合格はおぼつかないでしょう。

そのことは自覚しており、そろそろ頑張らなければと思っているようです。

先日、学校の三者面談がありました。

息子はその場で志望校のことについて教師に話しました。すると、先生に「こんな高校受けるの？　落ちたらどうするの？」と言われたのです。

息子はすっかり弱気になってしまい、家に帰ってきてから「やっぱり、○○高校を受けるのはやめようかな」と言い出す始末です。

せっかくやる気になっていたのに……。

どうすればいいでしょうか？

A

コンフォートゾーンを低く言う先生には気をつけましょう。

まだ受験まで1年もあるのに、「落ちたらどうするのか」という言葉を投げつける先生は困りものです。

その時点で、子どもは「ああ、無理なのか」と思ってしまいます。

こういう教師は子どもの気持ちというものをまったく考えていません。実際に最初から無理だと言われてやる気をなくしてしまう子どもがたくさんいます。

教師の悪口を言うわけではありませんが、学校の先生の多くは固定観念で凝り固まっています。現在の偏差値だけを見て、このレベルの学校の合格は無理だと勝手に判断してしまう傾向があります。

すでにお話しましたが、塾生で「私はバカだから」が口癖の女の子がいました。

母親や友だちにそう言われるから自分はバカだと思い込んでいました。

私はその子に「バカじゃないよ」と何度も言い続けました。すると、それだけで点数が5点10点上がったのです。

でも、彼女はまだ自分を疑っていて、点数が上がっても「これはまぐれです。

次は下がるんです」と言うのです。

実は、彼女にとって「勉強ができない状態」は居心地がいいのです。

これを「コンフォートゾーン」と言います。

この言葉の意味は、自分が楽でいられる範囲のことです。

人には、現状がぬるま湯のようで快適だと、無意識にこのゾーンにとどまろうとする習性があるのです。だから、高いレベルのコンフォートゾーンを勧めても抵抗してしまうのです。

成績を伸ばすには「自分はこのレベルなんだ」という認識を変える、つまりコンフォートゾーンを高く設定する必要があります。

親や教師など周囲の人は子どものコンフォートゾーンを一段ずつ上げていくように働きかけなければなりません。

徐々にコンフォートゾーンを上げていくと、いつの間にか高いレベルにいるのが普通になってきます。

逆に、「あなたはこのレベルなのよ」と決めつけると、コンフォートゾーンは上がりません。

コンフォートゾーンを低く見積もると、子どもの目標を壊したり邪魔をしたりしてしまいます。

こういう人たちのことを苫米地博士は「ドリームキラー」と呼んでいます。

ドリームキラーになる人は身近にいてその子に影響力を与えやすい立場にいることが多いのです。

つまり、**ドリームキラーになりやすいのは親、教師、友人などです。**

ドリームキラーの口癖は、「あなたには無理」「それはやめて〇〇にしなさい」「いまのままで十分でしょ」などです。

これから三者面談が始まる人も多いと思います。もちろん素晴らしい先生もいますが、教師を見きわめてその言葉にあまり左右されないようにしましょう。

少なくとも、最初からコンフォートゾーンを低く言う先生には気をつけなければばなりません。

Q38

子どもが担任の先生と合わないようです。あまり評判のよくない先生です。

息子は高校2年になって、クラス替えがあり、担任の先生も替わりました。

去年の担任の先生と比べているのだと思うのですが、**新しい担任の先生とどうも性格が合わないらしく、「あの先生は嫌だ」と言うのです。**本人が言うには自分を理解してくれないということです。

ちなみに、**その先生はまわりの評判もあまりよくありません。**

息子の話をただ聞いていればいいのか、それとも何か言ってあげたほうがいいのでしょうか。アドバイスをお願いします。

A 「そういう人もいるわよ」と軽く受け流しましょう。

まず、お母さんが一緒になって悪口を言ったりするのはよくありません。といって、「先生は立派な人なんだから、言うことは聞くものよ」と道徳的に諭すのもダメです。

「そうなの、それは困ったわね。でも、そういう人もいるわよね」と、受け止めながら、笑って軽く流すのがいちばんです。

これはどうにもならないことなので、変に深く入り込んで一緒に悩まないほうがいいですね。

その先生が「いい」とか「悪い」という評価をしてはいけません。先生もいろいろですし、相性もあるでしょう。

しかし、世の中に出れば自分の好きな人ばかりと付き合っていくわけにもいきません。いろいろなタイプの人と付き合わなければなりません。

「いい機会だと思って我慢してみたら」という言い方をしてみてはいかがでしょうか。

Q39

うちの子は将来の夢がないというのですが？

中学2年の娘は将来の夢がまったくないというのです。

自分がこうなりたいというイメージもないようで、高校を選ぶにもどうしていいかわからない状態です。

それに、将来の夢などについてあまり話したがりません。

親としては、やりたいこと、なりたいものができるまで待っているべきなのでしょうか。

A

夢があるのは必ずしもいいことだとはかぎりません。

大人は子どもに「夢を持て」と言ってきました。また、自分には夢がないと悩んでいるお子さんも少なくありません。

でも**実は、世の中でいけないものの一つが「夢を持つ」ということなのです。**

夢を持つのは一見いいことのように思われます。

感情的に、夢を持っていると人間は嬉しいのです。

ところが、夢というものは届かないものだと思い込んでしまいがちです。

そして、夢を持っていることに安心してしまって、その夢を現実にする努力がおろそかになってしまうのです。

それに、子どもの夢が実はお母さんの刷り込みだったりすることもあります。

これは恐ろしいことです。

子どもに「夢がない」「なりたいものがない」というのは、私は悪いことではないと思います。逆に、将来の夢や目標をビシッと決めてしまうのは危険です。

これは実際にあった話なのですが、英語が得意でとても好きなのに、薬剤師になるのが夢という子がいました。

薬剤師は理科系ですが、その子は数学など理科系がまったくダメなのです。でも、「薬剤師になりたい」という夢をあきらめることができませんでした。

そういう夢があるために、自分の最も得意な英語の能力を伸ばそうとは思わなかったのです。

自分の好きなものには無限の可能性があります。

それが夢と一致していればいいですが、そうではない場合、夢を決めているということは無限の可能性をつぶしているのと同じです。

たとえば、医者になりたいという夢を持っていると、医者以外の道が見えなくなってしまいがちです。

もっと自分に適したものがあるかもしれません。

ごく一部の人は子どもの頃の夢を叶えて美談として讃えられますが、ほとんどの人はむしろ逆のケースのほうが多いです。


人間の性質として、一つのものばかり見ていると、他が見えなくなってしまいます。

たとえば、腕時計をしている人は時間を気にしていつも腕時計を見ています。でも、いつも見ているのに腕時計のデザインや針の形などについて正確に思い描けるでしょうか。思い出せる人はほとんどいないと思います。

毎日見ているにもかかわらず。それは、時間以外のことを見ていないからです。

夢も同じです。いつも一つのものを見ていると、他のものが目に入らなくなるのです。

これはコーチングや心理学の専門用語で「スコトーマ」といいます。心理的盲点のことです。

人は、自分にとって重要な情報しか認識できません。すると、無意識のうちに盲点が生まれ、それ以外の情報を受け取れなくなってしまいます。スコトーマは成功を邪魔する要因と考えられています。

未来のことを考えて道を作って進んでいくというやり方も、必ずしもいいとは思いません。子どもの好みなど明日変わるかもしれません。

なりたいものだって1か月後には変わっているかもしれないのです。

大人は常識的な考えに固まってしまっているので、そういうことはありません。

でも、子どもにとっては自分の目指すべき方向は意外なところにあることも少なくないのです。その道を見つけるために、本当はあらゆることを見て視野を広げるのがベストなのです。

夢なんか持つなとまでは言いません。でも、夢がなくてもいいのです。少なく

とも一つの夢に固執しているよりも、夢がない子のほうがいいと思います。

お子さんに夢がないからといってそれがダメだと決めつけないでください。

Q40

うちの子は何事に対しても行動が遅くて困っています。

うちの子は昔からのんびり屋で、何事に対しても行動を起こすのが遅いのです。

小さい頃は「もう、しょうがないわね」ですんでいたのですが、中学になりそうも言っていられなくなりました。

学校の先生に「**テストに備えて計画を立てましょう**」**と言われても、いま現在のことで手一杯で、なかなか準備ができません。**

勉強を始めるのも遅く、一つひとつの行動がゆっくりしているので、勉強はすべて終わらずテストに間に合わないことがほとんどです。

このままで大丈夫なのでしょうか？　私が心配性なのかもしれませんが、もうちょっと先のことを考えて行動してほしいと思ってしまいます。

A ゆっくりな性格を認めてあげましょう。

大丈夫です。子どもには各自のスピードがあります。

行動もゆっくりの子と早い子がいますが、決して早いからといっていいとはかぎりません。

何事もゆっくりでのんびり屋の性格には何の問題もありません。それがその子の個性です。

まずは、その個性を認めてあげてください。そして、その子なりの対処をしてあげましょう。

塾にもそういう子がいました。そして、自分は勉強ができないと思い込んでいました。

でも、**私は「そのゆっくりなところがいいね」と認めてあげました。その結果、どうなったでしょう？**

成績が急激にアップしたのです。期末テストで突然、5教科で400点以上取りました。

ところが最初、その子は「これは何かの間違いなんです」と自分を信用していませんでした。

でも、「そんなことないよ。いままでが間違いだったんだ」と言い続けたことで、その後も成績は伸びていき、ついには「自分はダメだ」ということを口にしなくなりました。

このように、**自分の欠点を気にしたり、自信を持てなかったりする子どもでも、誰かに認められるだけで大きく変わるのです。**

行動が遅いと、日々の生活では「のろい」とか言われたりして、たしかにマイナス面はあります。

でも、そこで親が「恥ずかしい」と思って、とがめたりしてはいけません。それは、もしかしたら親が子どもの中に自分を見ているのかもしれません。それで無意識のうちに過剰反応してしまうというケースも少なくないのです。

行動が早くても遅くても、生きていく上ではプラスマイナスゼロです。お母さんはよく、何でもテキパキとやる子がいいと思いがちです。でも、そんなことはありません。

勉強などに時間がかかるのは悪いことではないのです。じっくりと取り組むから正確にできたり、確実に理解し習得できるという面もあります。

でも、早く終わる子は、抜ける部分が多いですよね。勘違いやミスが多いという面もあるでしょうし、勉強してもすぐに忘れてしまうかもしれません。

物事にはすべて両面があります。一見、欠点に見えても、視点を変えれば長所にもなります。

いまのことを考えるのに手一杯になり、次の行動になかなか移れないことを否定しないでください。それが良い面でもあるのです。そもそも、いまのことも考えられない子もたくさんいるのですから。

それぞれの子どものスピードは他人が変えられるものではありません。いくら言っても直りません。

あるがままのその子の性格や特徴を尊重してあげましょう。そして、**お子さんの性質をどう生かしてあげるかが大切です。**

テストの準備が終わらず、時間切れになってしまうような子はたくさんいます。でも、焦らなくても大丈夫です。その子なりのペースで、対処の仕方を徐々に学んでいきますから。

もし、どうしても先のことが見えないようなら、「半日先のことを考えてみたら？」と勧めてみてください。それができたら、「今度は一日先のことを考えてみようか」と少しずつ計画ができるように導いていくようにしましょう。

Q41 うちの子は要領が悪く、効率よく勉強ができません。

うちの子はやるべきことはわかっているのですが、行動に移すまでに時間がかかります。**要領も悪く、なかなか効率よく勉強がはかどりません。何についても時間がかかりすぎるのです。**

勉強がなかなか終わらなくて、寝るのが夜11時すぎになってしまうこともあります。

端から見ていて、「もっと早く勉強すれば早く寝られるのに」と気になって、つい「早くしなさい！」と口を出してしまいます。

中学2年生なので来年は高校受験です。こんなペースで大丈夫なんだろうかと心配で仕方がありません。
どうすれば、効率よく物事を進める方法を身につけられるのでしょうか?

A 受験勉強は時間の使い方を学ぶ絶好の機会です。

子どもの要領が悪かったり、行動が遅かったりすると、親御さんはじれったくてイライラするかもしれません。でも、そこは我慢して子どもを見守るべきなのです。

おそらく、お母さんが見ている世界とお子さんが見ている世界には大きなギャップがあるのだと思います。

せっかちなお母さんであれば、ちょっと遅れただけで、「もう、何をやってるの!」と口を出したくなるでしょう。

「効率よく」とお母さんが思う気持ちはわかります。でも、「効率」というのは

その子なりの時間の長さで違います。お母さんの30分はお子さんの1時間なのかもしれません。

大人と子どもに流れている時間は違います。子どもによっても違います。その子にとって流れる時間軸はその子だけのものです。時間の長さは一定ではありません。その人によってまちまちなのです。

「早くしなさい」という言葉を言ってはいけません。自分の子どもだからといって思いどおりになると思うのは大間違いです。

時間がかかってしまう分をどこで取り戻せばよいかを本人に考えさせることが大切です。「失った時間をどこで取り返すの?」と問うてみてください。そうすれば、子どもなりの案がいろいろ出てきます。

あるいは、**行動が遅くて遅刻してしまう子には、「遅刻するでしょう。早く行きなさい!」と急かすのではなく、あえて遅刻させればいいのです。**そうすることで、子ども自身がどうすればよいかを考え始めます。

行動が遅かったり、要領が悪かったりするのを直そうとしないということは、いま本人がその必要性を感じていないからです。困ってなければ行動は変わりません。

ただ、もし**時間を有効に使うようにさせるのであれば、マイナスではなくプラスの言い方をするようにしてみてください。**

たとえば、1時間お風呂に入っているのであれば、「お風呂を30分にしてみたら」と。そうすることでどう得をするかを考えさせるのです。

そうやって自分自身が認識すれば、誰も何も言わなくても行動は自然と変わります。

そういうことも、受験が格好のエクササイズになるのではないかと思います。入試が迫ってくれば時間との戦いになりますから、どうすればよいかを本人がよく考えるようになるでしょう。

皆さん、勘違いしているのですが、受験勉強というのは単に合否を決めるため

のものだけではありません。子どもにとって、生活面も含めて、時間の使い方などを学ぶ自己訓練の良い機会なのです。

Q42

子どもの悪いところばかり目についてしまいます。

うちの子は何事に対しても大雑把でおっちょこちょい。

いつもテストではケアレスミスで点数をずいぶん損しています。

もっと慎重に物事を考えないと、受験でも失敗するのではないかと心配で仕方がありません。

こうしたことが気になり出すと、他にも子どもの悪いところばかりが目についてきます。

A　短所は実は長所かもしれません。

いつもトークライブでやっているのですが、ここで簡単なテストをしましょう。

次のページに、あなたの思うお子さんの良いところと悪いところを書き出してみてください。あまり考えずに直感的に記入しましょう。

いかがでしょうか？

お子さんの良いところと悪いところに注目してみてください。実は、この2つはまったく同じことなのです。

たとえば、長所に「明るく社交的」ということを挙げたとしましょう。たしかに、これは良いところです。

お子さんの良いところ、悪いところを書いてください。

良いところ	悪いところ
■	■
■	■
■	■
■	■
■	■
■	■
■	■
■	■
■	■

でも、見方を変えると、人にだまされる可能性があります。これは悪いところにもなります。

一方、質問いただいたお母さんは、「大雑把な性格」が子どもの短所だと考えているようですね。

でも、これは「物事の全体を見渡せる」という長所にもなり得ます。あるいは、いろいろ考えすぎて物事が進まない人よりもいいかもしれません。

要するに、**ほとんどの人は自分や子どもの良いところと悪いところを、自分だけの尺度で、あるいは一般的・常識的な見方で見ているだけなのです。でも、悪いところが実は良いところなのかもしれません。**

2014年4月に韓国で起きた旅客船の沈没事故を思い出してみてください。

あのとき、「その場を動かないでください」という乗組員の指示に従った人はほとんど亡くなってしまいました。

助かった人たちは、自分の判断で逃げました。つまり、指示に素直に従った人は亡くなり、指示を無視して逃げた人は助かったのです。

良いところ、悪いところは誰にも決められません。一概には言えないのです。**自分の子どもにマイナス要因があった場合、それがプラスに転じることもあるということを覚えておいてください。**

むしろ、プラスになることのほうが多いかもしれません。

世の中の偉大な人たちというのは、自分のマイナス要因をプラスに変えた人がほとんどです。

エジソンは小学校のとき、「なぜ、1＋1＝2なのか?」と教師にしつこく質問して、退学せざるを得なくなったという有名な逸話があります。

右手にコップ1杯の水、左手にコップ1杯の水を持って、両方の水を合わせて大きなコップに入れたらやはりコップ1杯の水になるから、「1＋1＝1」だと言い張ったのです。

常識的に考えれば「おまえバカだな」という話で終わります。

しかし、エジソンは自分の論理を貫いたわけです。

だからこそ後年、それまで誰もが考えつかなかった数多くの偉大な発明ができたのです。

さて、先ほどのテストに戻ります。

このテストから言えることがもう一つあります。それは、**お子さんの良いところ、悪いところは親が作っているということです。**

親が「あなたはそそっかしい」と口癖のように子どもに言い続けると、その子はそそっかしくなります。

なぜかというと、「自分はそそっかしいんだ」と思い込むようになるからです。

お父さん、お母さんが考えているお子さんの短所は、実際にはあなたが作っているのかもしれないのです。

では、逆に「おまえは天才だ」と常に子どもを言い続けたらどうなるでしょう。

こういう話はよくあります。たとえば、マラソンの高橋尚子選手は小出義雄監督に「Qちゃんは天才だな」「Qちゃんは必ず優勝するよ」と言われ続けて、金メダルを取りました。

これは、コーチングでよく引き合いに出される話です。選手をやる気にさせるその育成法は小出マジックとも呼ばれました。

人間というのは実はとても素直で単純なもので、親や先生など周囲の人に言われたままの人間になるのです。つまり、子どもを作っているのはその子の身近にいる人です。

もう一度、先ほどのテストを見直してみてください。あなたの挙げた、お子さんの悪い部分は、あなた自身が作っているかもしれないのです。

お子さんの良い部分に注目し、ウソでもいいから言い続けることも大切です。悪いところは、多少目に余る部分があっても放っておけばいいのです。そうすれば、そのうちに直りますから。

Q43

うちの子は素直で何でも親の言うことを聞きます。

うちの子は中学生ですが、素直で何でも親の言うことを聞くいい子です。**真面目でおとなしく、「勉強しなさい」と言えばすぐに机に向かいます。昔から全然手がかからず、本当に育てやすい子でした。**いまのところ、とくに悩みも問題もありません。

A

素直ないい子こそ将来危険です。

親の言うことを何でも聞くような素直な子は、手がかかりませんし、一見素晴らしいと思いがちです。でも、それは単なる親の身勝手です。

いわゆる「いい子」というのは、親にとって「扱いやすい」「従順」ということです。それが多くの親の理想の子ども像です。

でも、そういう子ほど実は危ないのです。

「いつも素直な子」や「いい子」というのは子どもの危険信号です。とくに、中学生、高校生くらいの年頃で素直な子は危ないと思います。社会人になってから爆発してしまうかもしれません。

よく、子どもや若者が世の中を震撼させるような事件を起こすと、周囲の人たちはみんな「あんないい子が……」と口を揃えます。逆です。「いい子」だから暴発してしまったのです。

素直な子というのは、いつも周囲に合わせたり、まわりの人にほめられようとして行動しているだけであることが少なくありません。

自分なりに考えて行動するという自主性に欠けているのです。あるいは自我を殺しているのです。

主体性のない素直さほど怖いものはありません。一見、環境や社会に適応しているように見えますが、内面的にはきわめて未成熟な子どもです。

子どもは、中学生、高校生くらいになれば自分なりに考えて自分の力で行動しようとします。親の価値観に振り回されず、何でも自分で考え、決断したいと思う年頃です。だからこそ、周囲の家族との衝突が起きます。

もちろん、性格的に静かで、表立って口ごたえをしないような子はいます。でも本来、素直というのはありえません。自我がある以上、親に対して何らかの反発を感じるものです。

人間には自己防衛反応というものがあって、親など周囲の人から言われたことに対して、自分が納得できなければ絶対に壁を作ります。それが自然な姿です。これは子どもも大人も同じです。

もし、そこで反発しない子がいたとしたら、よほど自分を抑圧しているのでしょう。その抑圧が蓄積して爆発したときが大変です。

ですから、**多少反抗するくらいのほうがいいのです。思春期に親に反抗しない子は気をつけたほうがいいでしょう。**

お母さん方はどうしても家庭という現場で子どもを見ています。そのため視野が狭くなりがちです。

だから、言うことを聞かない子どもについイライラしてしまいます。

ときには、「子どもというのはそういうものだ」という引いた目で見ることも必要でしょう。

目先の試験の結果などにとらわれて、子どもの人生に対する視野が狭くなっていないかどうか、ときどき自分に問いかけてみてください。

Q44

「どうして勉強しないといけないの？」と子どもに聞かれて困りました。

中学2年生で、そろそろ高校受験に向けて頑張ってほしいと思っています。でも、まだ受験するということが実感できないのか、勉強しようという気持ちがまったくないようです。

部活をやっているのですが、毎日疲れて帰ってきて、夕飯を食べてテレビを見てゲームをやって、あとはもう寝てしまいます。机に向かう時間はまったくと言っていいほどありません。

いつも「少しは勉強しなさい」と声をかけているのですが、どこ吹く風です。

先日、いつものようにダラダラしているので、「いい加減に勉強しなさい」と少し強い口調で言ったところ、**子どもに「どうして勉強しないといけないのか？」と聞かれました。でも、それに対してうまく答えられませんでした。「中学生なんだから当たり前でしょ」と反射的に答えたものの、われながら説得力のない答えだなと反省しました。**

「どうして勉強しなければいけないのか」と聞かれたら、何と言えばいいのでしょうか？

A 人に喜びを提供できる仕事を見つけるためと答えてください。

中学生はとくに多感な年頃です。「勉強しなければならない理由」についてほとんどの子が一度は疑問に思ったことがあるはずです。

では、ちょっと考えてみましょう。

人はなぜ勉強しなければいけないのでしょうか？

私たちは人間として生まれてきて、いまこの場所にいます。それは何のためだと思いますか？　そして、最終的に自分が最も嬉しいのはどんなことをしているときだと思いますか？

ある中学生の男の子にこう質問したところ、「お金を稼ぐこと」と答えました。

もちろん、仕事をしてお金を稼ぐことは生きていく上で必要です。では、お金を稼いだその先に何があるでしょう？

仕事というのはお金を稼ぐことだけが目的ではありません。でも、お金を稼ぐことだけを考えて仕事をしていたら、おそらく誰もお金を払わないでしょう。

仕事というのは、実は「人に喜びを与えること」です。

私たちは、人に喜びを提供する代償としてお金を得ています。そして、どんな仕事でも、必ずどこかで「人のため」になっています。

そういう仕事を見つけるために勉強をしているのです。

中学生にもなればそういうことも理解できるでしょう。

たとえば、お子さんの好きなゲームにたとえて、こんなふうに話してみてはいかがでしょう。

ただボーッとしてゲームで遊んでいるだけでは人のためにはなっていません。

でも、ゲームをやり続けて、将来ゲームクリエイターなどになって新しいゲームを開発したら人のためになります。コンピュータやスマホなどでも同じです。

新しいものができるときは、「もっと便利なものを」「もっと面白いものを」と誰かが考えているわけです。そして、その裏には人には見えない努力があります。

人に喜びを提供できる天職は誰にでもあります。それを探すために勉強するのです。お子さんに「勉強しなさい」と言うのではなく、勉強したその先に何があるかを、ぜひ話してあげてください。

付章

塾講師として生涯忘れられない偏差値40台のタイガくんの話

■認めてあげることからすべては始まる

私には、塾講師として生涯忘れられない強烈な印象を残してくれた生徒がいます。

2013年に高校受験をしたタイガくんという子です。

彼は、学校では先生にまったく相手にされていませんでした。いわゆる「ワル」のレッテルを貼られ、何をやっても悪者扱いされます。偏差値は40台です。

野球部に入っていますが、野球も中途半端で背番号ももらえません。暇があればLINEで遊んでいるような子でした。
中学2年になろうとする春、お母さんに連れられて私の塾に来ました。**彼には行きたい公立高校がありました。その学校の偏差値は61でした。**ちょっとありえません。**40台の生徒が60台の高校を目指す。**でも、無理ではありません。やってみないとわかりません。

最大の障害はお父さん、お母さんでした。

タイガくんには優秀なお兄さんがいて、両親はことあるごとにお兄さんとタイガくんを比べるのです。
「どうしてあなたはできないの?」といつも言われていたそうです。
お父さんもそういうお母さんをなだめながらも、自分がエリートの学校を卒業していることもあり、タイガくんに対して同じような目で見ていたのでしょう。

これはダメだなと思いました。それで私はお母さんに対して「とにかく黙って

いてください」と言い続けました。

そして、私はタイガという子ども本人を見ました。その子は悪い子でもなんでもありませんでした。でも、そう見られてしまっている。

いろいろと話を聞いたところ、彼には見込みがあると感じました。

だから、私は彼を認めることにしました。誰にも認められていなかった彼を私だけは認めようと思ったのです。「おまえはできるよ」と私は言い続けました。

それまでのタイガくんには、学校の先生から向けられる疎外感、優等生の兄との比較、子を思うあまりの親の間違った言動など多くの「勇気くじき」がありました。それを少しずつ排除することで、やがて彼は大きく変わっていきます。

まず、私は**LINEをどうするか考えてもらいました。**最初は抵抗しましたが、「公立高校を目指すのをやめるか、いますぐLINEをやめるか、どっちかにしろ」と言うと、彼は「LINEをやめる」と言ってなんとiPodを私に預けたのです。

次に、朝**5時前に起きることを約束しました。起きたら私にメールすることを課しました。**まずは早起きすることに専念させましたが、徐々に勉強するようになっていきました。

変化に驚いたのはお母さんでした。「あの悪たれタイガが、朝、私に『おはようございます』と言ってきた」と。しかも、ラジオ体操をやり出したり、家の掃除をするようになったそうです。


そして1年が過ぎました。成績はまったく伸びませんでした。でも、私はタイガくんの生活の変化を見て、これはイケると思いました。

ところが、**お父さん、お母さんは気が気ではありません。「なぜ結果が出ないんですか」と盛んに言ってくるわけです。**結果が見えないとマイナス面を見てしまう。これは親によくありがちなパターンです。

結果の出る時期には個人差があります。でも、行動をしていれば必ずいつか結果は出ます。私はそう言い続けました。

高校受験というのはやることもほぼ決まっているので、結果が出るかどうかは見ていればわかるのです。

一生懸命やっているのに結果が出ないと本人も挫けそうになります。

お母さんがとくに心配性で、「こんなに結果が出ないのなら、志望校のレベルを下げたほうがいいでしょうか」と言い出しました。

私は「ちょっと待ってください。これだけ一生懸命頑張っているのに、この勉強をやめさせるんですか」と言いました。

私はタイガくんを認めていますから、彼を信じてアドバイスを続けました。

「自分はやればできる」とわかった子は強い

3年生になって部活も終わり、夏が過ぎました。それでも結果は出ません。

成績は下がりはしないのですが伸びないのです。彼は本番で実力を出せない子でした。

ご両親はますます心配になって、「本当に大丈夫なんですか」と聞いてきます。その時点でも偏差値はまだ52〜53でしたが、私は「大丈夫です」と断言しました。塾講師としての長年の勘でわかったのです。

11月になりました。そこで初めて成績が急角度で上がったのです。**それでも志望校に入るには偏差値で5くらい足りません。しかも、その次のテストではそこから伸びません。お母さんはまた「やっぱり志望校を下げたほうが」と言い出します。**

タイガくんは一日も休まず朝4時半に起きて、朝勉強を続けました。5時から7時まで2時間勉強し、夜は週2回の塾と1時間の家での勉強だけです。

そして、**年が明けた1月の実力テストでついに志望校の偏差値に届いたので**

す。学校のテストでも、統一テストでもすべて同様の結果が出ました。

この頃からご両親の見方も変わってきました。

「もしかしたら、この子はできるんじゃないか」と思い始めたのです。子どもが親を変えたのです。

本人は本当に頑張ったと思います。でも、実は違いました。なんと、勉強が楽しくなってしまったのです。「朝起きて勉強するのが楽しい」と言うのです。

なぜかと聞くと、「夜つらい思いをしなくてもすむから」と。「それでいい。その朝の2時間だけ集中しろ」と私はアドバイスしました。

重ねて驚いたことがありました。**家族が変わったのです。両親とお兄さんもタイガくんの生活に合わせて早起きをするようになりました。**

受験は目前に迫りました。この頃には志望校の偏差値をすでに超えていました。

こうして受験当日を迎えます。結果はどうだったか？

「不合格」でした——。

合格発表の帰り道にタイガくんから電話がありました。

「塾長、番号ありませんでした」と。私は彼の頑張りを知っているから、どう言葉をかけようか迷いました。そして、「どんな気持ちだ？」と聞きました。

彼はこう言ったのです。

「晴れ晴れとした気持ちです」

私は目頭が熱くなりました。

お父さん、お母さんも「この言葉に打ちのめされた」そうです。

彼の中では、合格か不合格かという次元など超えていました。自分がやればできるとわかったこと。自分が力を出せたこと。そのことのほうが重要になっていたのです。

タイガくんは私立の高校へ行くことになりました。でも、どこの高校へ行こうと、**自分が頑張ったという価値は変わらないことを知ったのです。**

お母さんはこう言いました。

「**合格できなかったことは、もういいんです。あの子がこれだけできることが、わかったから。私は将来あの子は何かやってくれると確信しました**」

後日、本人とお父さんが改めて塾へ挨拶に来てくれました。あのときの二人の晴れ晴れとした笑顔がいまでも目に浮かびます。

塾講師をやっていて本当によかった。私は心からそう思いました。

おわりに

タイガくんと受験に向けて共闘した期間はわずか2年弱。

でも、その間、ここにはとても書き尽くせないほどのさまざまな葛藤の日々がありました。

まさに、「三歩進んで二歩下がる」の繰り返しでした。もちろん、親御さんにとっても長く苦しい毎日だったでしょう。

でも、いま私は確信しています。塾講師という職業を超えて、未来に向かう子どもたちを育てるというのはこういうことなのだな、と。


受験というのは、子どもを大きく成長させる絶好の機会です。

でも、志望校に合格するということだけが受験の結果ではありません。「勉強すること」自体が結果なのです。

勉強した子どもにとっては、合格、不合格にはさほど大きな違いはありません。

塾講師として普通ならばこれは言えないことかもしれませんが、合格も不合格も等しいのです。

合格、不合格という結果はいっときのことです。受験当日だけの結果にすぎません。たまたまその日できたかどうかだけです。

不合格だったからといって、子どもの人生が否定されたわけじゃない。逆に、目指す学校に合格したら勉強しなくなってしまう子も少なくありません。

受験は子どもが成長していくための通過点にすぎません。問題は、受験に向かって自分が精一杯やれたかどうかです。

受験というものを通して自分のための勉強ができたかどうか。大切なのは行動です。これに尽きます。

行動していれば必ず何らかの結果が出ます。このことを知った中学生、高校生には無限の可能性が広がっています。

私はタイガくんに改めて大切なことを教えてもらったような気がします。

もちろん、タイガくんが第一志望の高校に合格できるに越したことはなかったかもしれません。

でも、**スムーズに志望校に入るよりも、彼はもっともっと大きなものを手に入れたのです。それは、「自分を信じる力」**です。

彼はこの先、何があってもきっと乗り越えていくでしょう。受験での経験をこれからも生かしていけるはずです。

いまでは、お母さんが「そんなに自分に厳しくしなくても……」と勉強のやりすぎを心配するほどだそうです。

「自分には何でもできるんだ」という確信を得たら、あとはもう自分で走るだけです。**彼は約2年かかって本当にたくましくなりました。彼はいま、学年2位です。**

高校受験を通して、人生で最も大切なことを学んだタイガくん。その前途は大きく広がっています。

私はこういう強い子どもたちを育てていきたいと思っています。

さて、私たち大人が大切な子どもにいちばん教えなければならないことは何でしょうか？　それは「自己認識」です。

いま自分がどういう状態にいるかをほとんどの子どもはわかっていません。両親や先生に言われているから言葉ではわかっているかもしれません。でも、行動に結びつきません。それは自分で感じていないからです。自己認識こそが能力向上へのはじめの一歩なのです。

私の指導法の基本は、子どもに自己認識させることで心（感情）を大きく変え、自分のために行動できるよう働きかけることです。そのポイントは次の３つです。

①子どもたちが自主的に動ける、依存度を大きくしない教育

②安易にほめたり怒ったりしない、状況に応じての学びの本質を考えての教育
③存在への勇気づけを常に与えていく教育

とくに重要なのは何度も言っているように「**勇気づけ**」です。**勇気づけとは、相手を尊重して共感する態度を指しています。子どもが自分らしく生きていけるように支えていくような関わり方です。**

この指導法は前述したアルフレッド・アドラー氏による教育法（個人心理学）に酷似しています。彼は100年以上も前に、アドラー心理学で、私が長年追求してきた教育の本質とほぼ同じことを提唱していたのです。

私はこのことにも大きな勇気を得ました。

自分の教育法に自信を持ち、これからも多くの子どもたち、親御さんと真剣に向き合って、「本当に大切なこと」を伝えていきたいと考えています。

私のこの理念に共感し、一緒に子どもたちを指導してくれている、私の同志である先生方を紹介させてください。

・各地の河原塾

河原塾いわき校・矢吹伸二先生（福島県いわき市平字大町4）

河原塾西茨城校・前鬼一憲先生（茨城県結城市結城344）

河原塾横浜校・前田俊彦先生（神奈川県横浜市緑区台村町195−201）

河原塾名古屋校・森聖樹先生（愛知県名古屋市千種区松軒2−4−3）

河原塾姫路たつの校・合田恵介先生（兵庫県たつの市龍野町富永300−37）

河原塾北九州校・尾曲博之先生（福岡県北九州市小倉南区葉山町3−13−32）

・関連塾

明快塾・三上明先生（青森県青森市虹ケ丘1−11−2）

聡明館・小山聡昭先生（茨城県取手市藤代南2−7−2）

明進会ゼミ・樫原俊吉先生（日進校・埼玉県さいたま市北区日進町2−813）

学力再生工房AQURAS《アクラス》・村上浩司先生（千葉県船橋市西船4−19−10）

関塾羽曳野北進学教室・中瀬直信先生（大阪府羽曳野市島泉9−14−10）

ここに紹介した以外にもまだまだ多くの先生方がおられますが、こうした全国の熱心な先生と一緒に切磋琢磨しています。

私は、自分の幼年から青年期を思い返せば、偶然にも親から「否定」された経験がありません。

中学生の時に、ミュージシャンになりたいと親に伝えたのですが、「それは無理だよ」「そんなことで将来、食っていけるわけだろう」などと、親は言いませんでした。**大人の勝手な決めつけで現実を言われ、夢にストップをかけられることは一切なかった覚えがあります。**

もし、そのようなことを毎日言われ続けていたら、きっと音楽なんて、すぐにやめていたのではないかと思います。

いま思えば、大切な思春期に否定語を言われなかったことが、「やる気＝モチベーション」を私が維持できた大きな理由だったのでしょう。

その結果、夢を持って音楽を続け、とうとう26才の時に、作曲家として当時の有名歌手に曲を提供するチャンスを得ることになりました。

ちなみに私は、音楽教育など一度も受けたことがありません。中学の音楽の成績は常に5段階中「2」。譜面すら書けないのです。そんな私が、松田聖子や少年隊に作曲しました。

その後も、「日本一の塾を作りたい」という次なる夢を持ち、ただ自分の思うように、誰に邪魔されることもなく、ただ継続しているだけです。

これが、自分がやりたいことをただひたすら継続していけば、「ほとんどのことはできてしまう」ということの証明ではないでしょうか？

ただ「やりたい」「好き」だけで、それをやり続ければ、夢が現実になってくるのです。

そう、夢は待っているものではなく、自分で叶えるものなのだと、今つくづく思います。

子供たちは、何でもできる「無限の可能性」を、間違いなく秘めています。

さあ、これからあなたのお子さまが自分の夢を叶えようとする時、あなたは何と声をかけてあげるのでしょうか？

2015年4月

河原利彦

「叱《しか》らない」「ほめない」「教《おし》えない」から成績《せいせき》は大《おお》きくあがる

2015年5月21日　初版第1刷

著　者 ―――― 河原利彦《かわはらとしひこ》
発行者 ―――― 坂本桂一
発行所 ―――― 現代書林
〒162-0053　東京都新宿区原町3-61　桂ビル
TEL／代表　03(3205)8384
振替00140-7-42905
http://www.gendaishorin.co.jp/
カバー・本文デザイン ―― 小口翔平＋平山みな美(tobufune)
カバー・本文イラスト ―― 伊藤ハムスター

印刷・製本：広研印刷(株)
乱丁・落丁本はお取り替えいたします。
定価はカバーに表示してあります。

ISBN978-4-7745-1520-5　C0037